İSTENMEYEN ADAM

Yazar

Erkut Demirel

Publisher
Yazardan Direkt – Turkey

ISBN: 978-605-62-607-1-1

ERKUT DEMİREL

Bütün Eserleri

İstenmeyen Adam

İzmarit İsmail'le Rumelihisarı'nda, kalenin önünde balık tutuyoruz. Ekim ayında olmamıza ve hafiften poyraz esmesine rağmen hava oldukça sıcak, balık da bol. Livarı doldurduktan sonra sahildeki topların arkasını kendimize mekân edindik. Biraz çalı çırpı, biraz kuru ağaç dalı toplayıp küçük bir ateş yaktık. Közlenmesini beklerken yanımızda getirdiğimiz patlıcanları, biberleri, domatesleri, kırmızı soğan ve sarımsakları, salata tabağına dizip, tel ızgarayı gazete kâğıdıyla sildik. Ateş közlenince patlıcan ve biberleri üzerine yerleştirdik. Sebzeler pişince İsmail kabuklarını soyup bana verdi, salatayı yapmaya başladım. O da tulum çıkardığı balıkları ızgaraya dizip her iki yanından taşlarla desteklenmiş ateşin üzerine yerleştirdi. Bu arada sadece başparmağını kullanarak balıkları ayıklayıp tulum çıkarışını her zamanki gibi gıpta ile izledim. Bir keresinde bu işi keskin bir çakıyla yapmama rağmen ona yetişememiştim. Izgaradan çıtır çıtır sesler gelmeye başladı.

-Bunlar çok yağlı, lezzetli olacak!

Balıkları ayıklarken iç organlarının üzerindeki yağları ben de görmüştüm. Yağı etten ayırmamaya, içinde bırakmaya özen göstermiştik. Pişenleri kâğıt tabaklara alırken o kadar beyaz görünüyorlardı ki! Yer sofrasına oturmuş, tam ilk lokmalarımızı almak üzereyken karşımızda iri kıyım bir adam peyda oldu. Sanki bizden biriymiş gibi dizleri üzerine çömelip başını önüne eğdi ve öylece kaldı. Adamda selam sabah yok. Ee biz de davet etmedik! Ne olacak şimdi diye kara kara düşünmeye başladım.

Bu şahıs Rumelihisarı ile Aşiyan arasına o yaz dadanmıştı. Bir arkadaşıyla beraber kovalarımızdan gizlice balık alıp az ötede çiğ çiğ yerlerdi. İsmail'e söylediğimde omuz silkip sessiz kalmıştı. Rumeli Hisarı'yla Aşiyan arasında gidip gelir, meczupla başıbozuk arası bir görünüm sergilerdi.

İsmail de şaşırmıştı, ne diyeceğini bilemedi. Herife birkaç kere,

-Yahu kalk git, rahat ver! Derdin ne?

Dediysem de hiç oralı olmadı. Adam kedi gibi bekliyor! Oturduğum yerden doğruldum, koltuklarından tutup kaldırmaya çalıştım. Nerdee! Sanki yere yapışmış. Çok ağır, iyi beslenmiş maşallah, kımıldatamadım bile! Çaresiz tekrar yerime oturdum. Biz bağdaş kurmuşuz, adam karşımızda namazgâhta gibi diz çökmüş. İçinden çıkılmaz bir durum!

Karşımızda taş misali duran herif ansızın ok gibi yerinden fırladı. Kalenin biraz daha yüksekte kalan öbür ucunda, yaşlı bir adamın tek başına oturmuş demlendiği yere doğru koşar adım gitti. Aynen az önce bize yaptığı gibi karşısında diz çöktü.

-Eyvah, yandı adamcağız!

Fakat yaşlı adamın karşısında yarım dakika bile tutunamadı. Ayağa kalktığı gibi Rumelihisarı'na doğru koşarak uzaklaştı. Ne olup bittiğini öyle merak ettim ki!

-Buna ne dedi ki böyle kaçar gibi savuşup gitti?

Bizim İzmarit'in yüzü sapsarı, hiç ses çıkarmadı.

-Valla gidip soracağım!

Yerimden kalkıp az ilerdeki kulenin dibine yürüdüm. Tıknaz, kırmızı yanaklı, ak saçlı adam yetmişin epeyce üzerinde görünüyordu. Önünde sadece bir büyük beyaz şarap şişesi ve açılmış kiloluk baklava kutusu vardı! Baklavaların yarıya yakını yenmiş, şarap da bitmeye yüz tutmuştu. Ortada ne bardak, ne de başka bir şey! İhtiyara "Merhaba!" Dedim, selamımı aldı. Bir şey söylememe meydan vermeden,

-Sen şimdi bu adamı nasıl gönderdin diye merak edip öğrenmeye geldin, değil mi?

9

Muzip muzip gülerek,

-Herife biraz sertçe, bak gördüğün gibi bu sıcakta baklavayla şarap içiyorum. Ben akıl hastasıyım! Rahatsız etme! Dedim.

Aile Bağları

Orhan gençliğinde çok inatçıydı. İstemediği şeyi ona yaptırmak adeta imkânsızdı. Bir gün hiç unutmam, Nevzat ne yaptıysa bunu sigarasından bir nefes çekmeye ikna edemedi, en sonunda kızıp zorla yüzüne dumanını üfledi. Hele bir keresinde Orhan'ı oturduğu sandalyede sıkı sıkı tutup, annelerin küfürbaz çocuklarının ağzına biber sürüşü gibi zorla rakı içirmeye çalışmış, o da hepsini yüzümüze püskürtmüştü. Neticede ikimiz de aynı kanaate vardık, bu herifte katır inadı var!

Ortaokul mezunuydu, biz yazları plajlarda sırtüstü yatıp keyif çatarken o mürekkebe bulanmış, eski ve tozlu bir matbaada çalışıyordu. Bu yüzden onu ancak akşamları görebiliyorduk. Bizden birkaç yaş büyüktü. Eski ahşap evimizin az ilerisinde duvarları çinko, tek katlı evde otururdu.

Ağabeyi ile beraber yaşıyordu. Fakat hiçbir konuda anlaşamazlardı. Adam kekemeydi ve asabi mizaçlıydı. Bazı akşamlar evlerine gittiğimde avaz avaz bağırarak konuşur, ama söylediklerinden hiç bir şey anlamazdım. Bir keresinde "Demin sana ağabeyin ne dedi?" diye sorduğumda "ne bileyim" gibilerinden omuz silkti.

Annem, baba yadigârı eski ahşap evini satıp az ilerde yeni yapılmış bir apartman dairesi alınca oraya taşındık. Orhan akşamları gelip beni evden alıyor, eskiden olduğu gibi sinemaya veya bilardo salonuna gidiyorduk. Nevzat'la ben okulu yeni bitirmiştik, Orhan da eski işinden ayrılmış, devlet memuru olmuştu. Gene bu sıralar arsa karşılığı daire almak için evlerini müteahhide verdiler. Adam bunlara iki daireye ilaveten girişteki küçük daireyi teklif etmiş. Ağabey ve ablaya iki büyük, ona da girişteki küçük daire! İki kardeş çeşitli bahaneler ileri sürerek aradaki farkı tamamlayıp kendi dairelerinin bir benzerini almaya yanaşmadılar. Nevzat'la ikimiz Orhan'ı kenara çekip:

-Arkadaş sen ne yapıyorsun? Yarın evleneceksin. Burası kümes gibi, tek başına bile yetmez! Biraz direnir, imza vermezsen mecbur kalırlar, doğru dürüst bi yerin olur.

Ama söz dinletemedik. Dedim ya herif inatçı!

-Ne yapayım? Sokakta mı kalayım? En azından başımı sokacak evim olur!

Durumu kabul etti. Bir süre sonra yeni evine taşındı. Keyfine de diyecek yoktu hani! Yavaş yavaş eşya almaya başladı. Zaten kişisel harcamaları, yol parası ve sabahları aldığı bir simitle sınırlı olduğundan, öğlen yemeklerini

12

işyerinde, akşamları meyve ile geçiştirdiği için bu pek de zor olmadı!

Bu arada biz de kenarından köşesinden hayat gailesine katıldığımızdan eskisi kadar görüşemiyorduk. Birbirimizi seyrek gördüğümüz o günlerden birinde Ankara'da bir kız bulduğunu, fakat ağabeyi ve ablasının kendisine hiç yardımcı olmadıklarını dertli dertli anlattı. Ama onlar gelmese de eski ustasıyla kızı isteyeceklerini söyledi. Ben dayanamadım:

-Yuh be! Ne abi, ne ablaymış ama! Dün kandırdılar, bugün de başlarından atıyorlar! Sonra söylediğime pişman olup:

-Hayırlı olsun! Dedim.

Dedim demesine ama kızın çalışmadığını, çalışmak da istemediğini söyleyince otuz üç yıl çalıştıktan sonra emekli olan anneciğimi hatırlayıp:

-Aman ne yapıyorsun Orhan! Diye çıkıştım.

-Daha iyi! Evinin kadını olur, çocukları ile ilgilenir.

"Ya sabır!" Çekip:

-Eh iyi o zaman! Dedim.

Her zaman yaptığı gibi el salladı:

-Boş ver!

Her karşılaşmamızda haberlerini alıyordum. Nikâh Ankara'da kıyıldı sonra karısını alıp evine getirdi. Bir gün yolda rastlaştığımızda tanıştırdı. Üflesen uçacak gibi, bünyesi de zayıf, görüntüsü de!

Zamanla bizim Orhan'ın dertlenmeleri arttı. Söylediğine göre karısı İstanbul'un havasına alışamamış, devamlı hasta! Sonunda "Ben kendime bakamıyorum, buna nasıl bakarım." Deyip iyileşmesi için ailesinin yanına, Ankara'ya gönderdi.

Sonraki günlerde arkadaş her akşam bizde! Evdekilerin bir şey dediği yok, ama ben sıkılmaya başladım. "Bekârken hep kapıya gelirdi, evlendikten sonra bir kez bile beni evine çağırmadı. Galiba şimdi de yalnızlıktan canı sıkıldı, dertlenmeye adam arıyor. Arkadaş, herkesin derdi kendine!" Son gelişinde biraz keyifsizim diyerek dışarı çıkmadığım gibi eve de buyur etmedim. Ondan sonra bir daha görünmedi. Herhalde eşi iyileşip döndü diye düşündüm. Bir gün karısıyla pazarda gördüğümde "Nasıl bildim!" deyip kendi kendime güldüm.

Bu arada birbirimizden iyice koptuk. Belki yılda bir kere, o da ancak yolda karşılaşıyoruz. Ayaküstü hal hatır! Kızı ilkokul çağına gelmiş.

Biraz sıkıntılı görünüyordu. Masrafların çokluğundan, evin darlığından şikâyetçiydi. Bu sefer de ben yıllar önce onun yaptığı gibi elimi şöyle bir sallayıp "boş ver" dedim.

-Bunları zamanında konuşmuştuk. Hanım çalışıyor mu hanım?

-Nasıl çalışsın? Ev işleri bir yandan, çocuklar bir yandan! Ha, bi de oğlum oldu.

-Haklısın, Allah kolaylık versin! Deyip adeta sıvıştım.

Aradan uzun yıllar geçti. Bu süre içinde bazen denk geldi selam verdim, bazen görmemiş gibi yaptım. Dünyalarımızın çoktan ayrıldığını düşünüyordum. Ta ki o gün Beşiktaş çarşısının en ortalık yerinde burun burun gelene kadar.

-Vay Orhan, nasılsın?

-Sağ ol!

-Sağlığın nasıl?

-Tansiyon da, şeker de yüksek!

Onu bayağı hüzünlü gördüm. Teselli etmek için o bildik el sallama hareketini tekrarlayıp,

-Boş ver! Dedim.

-Nasıl boş vereyim, nasıl?

Şaşırma sırası bana gelmişti.

-Gel şurada biraz oturup dertleşelim. Eskiden olduğu gibi çaylar benden.

Güldü.

-Çoluk çocuk nasıl?

-Kız liseyi bitirdikten sonra iki yıl çalıştı. O gün bu gün, on iki yıldır evde anasıyla oturuyor.

-Hayret, evde oturmanın nesi güzel? Genç kız, gidip çalışsa en azından insan tanır!

-Ben de öyle söyledim. Gel amirlerime rica edeyim, seni bizim büroya aldırayım dedim. "Çalışayım da senin gibi memur mu olayım." Diye karşılık verdi.

-İşyerlerindeki haksızlığa dayanamazmış, eski işinden bu yüzden ayrılmış!

-Yahu küfür etse daha iyi, hiç olmazsa ağzından kaçırdı dersin. Biz yıllarca çalıştık!

-Haklısın valla, çok ağırıma gitti, dahası da var!

Derin bir göğüs geçirdi,

-Çalışmayacaksın, evlenmeyeceksin, peki kızım ben öldükten sonra ne yapacaksın diye sorduğumda "Senden maaş alacağım ya, o bana yeter!" Deyiverdi.

Keyfimiz kaçmıştı, konuyu değiştirmek istedim:

-Sen daha emekli olmadın mı?

-Aslında olmayacaktım ama oldurdular!

-Nasıl yani?

-Emekliliğimi yeni doldurmuş, şef kadrosuyla çalışıyordum. Tam sekreter olup üç dört yıl daha terfi almayı düşünüyordum ki ablam dairesini satmaya kalktı. Bizimkiler burası çok dar, emekli ol da üst katı alalım diye tutturdular.

-Ablan senden fazla bir şey istemez, biliyorsun küçük daireyi verirlerken sen fark talep etmemiştin.

Mutat boş ver hareketini yaptıktan sonra:

-Onlar çoktan unutuldu!

-Ee...

Çayından bir yudum alıp devam etti.

-Gittim ablama, birkaç yıl daha satma diye rica ettim, ne diller döktüm ama hiç oralı değil. Baktım olmayacak, emekli oldum.

-Pekiyi, ağabeyin ne diyor?

-Çocuklar her bayram el öpmeye gider, bırak cep harçlığını, kâğıt mendil bile vermez! Hafifçe güldü.

-Hala bekâr değil mi?

-Evet.

-Sonuçta onlara kalmayacak mı?

-Hiç sanmam, bir yerlere bağışlar!

-Sonra?

-Sonrası ikramiyenin yüzünü göremedik. Ablam, ikramiyeyi, birikimlerimizi, sattığım eski dairemin parasını, yani ne var ne yok hepsini aldı!

-...

İkimiz de çay bardaklarımızdan son yudumları alıp aynı anda masaya bıraktık.

Üzülmüştüm ama sormadan da edemedim.

-Peki oğlun?

-Oğlandan memnunum. Okulunu bitirip master yaptı. Askerliğini de bitirdi. Ama üç yıldır iş bulamıyor, morali bozuldu, artık aramayı da bıraktı.

-Eh! Sen de eş dosttan bulsaydın.

-Buldum bulmasına ama çocuğa eşya taşıtıp raf yerleştirdiler. Bir ay sonra da eline üç yüz lira para verdiler, yemek, sigorta filan hak getire! Dedim ya, morali bozuldu. Şimdi o da evde!

-Arkadaş! Yani şimdi genci, yaşlısı herkes evde mi?

-Pek sayılmaz, şu arkadaki kırtasiyecide bir iş buldum, çalışıyorum.

-Bir şeyler veriyor mu bari?

-Laf olsun beri gelsin, harçlık işte!

-Peki, eşin bu durumlara ne diyor? Bak yaşın yetmişe yaklaştı, tansiyonun, şekerin de varmış!

-Ne desin? Evde, o kalabalıkta oturmak daha mı iyi?

-...

Mevsim yaz olduğundan ilerlemiş saate rağmen hava hala aydınlıktı. Çay bahçesinden çıkıp tıpkı eski günlerde olduğu gibi beraberce evlerimize doğru yürümeye başladık. Ama Orhan az sonra ilerideki sokağa sapınca, yollarımız gene ayrıldı.

Alışmak Veya Alıştırılmak

Tramvay Karaköy'de durunca kapıya hücum eden insanların arasından zar zor çıkabildi. Sonra da Perşembe pazarına giden yolda üzerine üzerine gelen arabalardan sıyrılıp kendini tünelin önündeki demir parmaklıklarla kapatılmış kaldırıma sağ salim attı. "Oh kurtuldum!" Derin bir nefes aldı, etrafı gözden geçirmek için durduğunda ince ince kar yağdığını fark etti. "Sıcacık evinde oturmak varken bu ayazda sokaklarda ne işin var!" Kendi kendine söylendi. "Hele şöyle Unkapanı'na doğru birkaç yüz metre yürüyeyim, oralarda birilerine sorarım."

Baltalimanı'nda iki odalı küçücük bir yerde kimseye muhtaç olmadan bir başına yaşayan eski bir dostu vermişti adresi. "Balık makinelerini tamir etme işini ona ben öğrettim. İyi çocuktur, başın sıkışırsa git benim adımı ver. Bu eski aletlerden anlayan kalmadı."

Emekliliğine beş altı ay kala sudan bir bahaneyle işten çıkardılar. Tazminat filan hak getire! Tek yapabildiği iş makine tamiri ama artık tamir edilecek makine bulamıyordu. O güzelim makineler yıpranıp bir tarafa atılmış ya da sahipleri çoktan ölmüştü. Aletlerini evine taşıyıp bir süre daha devam etti. Tabii iş çıkarsa! Şimdilerde herkesin elinde yeni kuşak kullan at türünden makineler. Zaten ayakları hasta, yürü desen yürüyemiyor, yat desen ne bakanı var ne sigortası! Yaşı da bir hayli ilerledi. Allahtan Bursa'da yaşayan bir arkadaş ona sahip çıktı. "Bizim küçük aşçı dükkânında çalışır, sigortanı ödersin, burada da yatıp kalkarsın." Demiş. Millet koşarcasına İstanbul'a gelirken bu eski İstanbullu ekmek parası derdine düşüp memleketinden ayrıldı. O ihtiyar yaşında, gurbetlere düştü!

Böyle düşüne düşüne yürürken kaldırımın kenarında durmuş, aralarında hararetli hararetli konuşan iki hamal gördü. Biri küfesini indirmiş, öbürününki hala sırtında. Yanlarına sokuldu:

-Hemşerim, kolay gelsin! (...) camiine nereden gidilir?

-Şu yoldan az git, ikinci sokağa sap, aha orda!

Teşekkür edip yoluna devam etti. İlerideki sokağa döndükten sonra eski kemerin altından geçip yaklaşık yetmiş, seksen metre uzunluğunda Arnavut kaldırımlı, koridor gibi bir yola girdi. "Kim bilir önünden kaç kere geçtim, hiç fark etmedim. Şu yanımdaki duvarın ilerisi sanırım avluya açılıyor." Başını kaldırıp bakınca karşı duvarın dibinde bir sürü insanın sıra sıra dizildiğini gördü. Çoğu orta yaşın üstündeydi ama aralarında gençler de vardı, hep beraber sessizce bekleşiyorlardı. Yüzlerinde gülümseme yoktu ama hüzünlü de sayılmazlardı. Pek çaresiz ve yoksul da görünmüyorlardı. "Yahu insanlar karda kışta, bu rutubetli tonozda ne bekliyorlar?"

Az ilerde kalabalığa bakan bir adam daha gördü. İnce görünüşlü, uzun boylu, kır sakallı ve kılık kıyafeti düzgün biriydi.

-Bu insanlar ne bekliyor?

-Bilmem ki! Ben de anlayamadım.

Konuşurlarken kalabalığın görüntüsü değişmişti. Servis tepsilerine bulgur, bezelye, çorba ve ekmekten oluşan yemeklerini alanlar telaşsızca sakin bir ağacın altına, duvar dibine veya kaldırım kenarına oturup karınlarını doyuruyor, yemeğini bitirenlerse tepsilerini yere bırakıp hızla uzaklaşıyorlardı.

-Yemek dağıtıyorlar.

-Evet.

-Ortada cenaze filan da yok. Vallahi manzara canımı sıktı!

Adam tasdik etti.

-Benim de!

-İşin kötüsü sanki hepsi kaderlerine boyun eğip, bunu kabullenmiş gibiler.

-Haklısın, bu duruma düşürülmek...

Yoluna devam etti. Sonunda aradığı yeri buldu. Dik bir yokuşun başında, Cenevizlilerden kalma eski bir han, daracık taş merdivenler, her katta sağlı sollu atölyeler. Yakup usta da eskiden tornacıymış, makine parçaları yapa yapa sonradan olta tamirciliğine başlamış. Ağabeyi ikinci katta, kendisi bir üst katta küçük kardeşiyle beraber çalışıyor. Demir kapıya eliyle vurdu.

-Buyurun!

Karşısındaki kumral, mavi gözlü, cin bakışlı, güler yüzlü ve tatlı dilli adama bakınca "Eski ahbabın söz ettiği herhalde bu!" Arkadaşının adını verince:

-Bilmez miyim, o benim ustamdır.

-Sizi tavsiye etti, olta makinemin yayı kırıldı, tamir eder misiniz?

-O kolay, elimde aynı model eski bir makine var, onun yayını takarım. Hele biraz otur, karşılıklı birer çay içelim. Bu arada ustama bir hal hatır sorayım.

Ustaya telefon edildi. Sonra çaylar içilirken birbirlerine balıkçı hikâyeleri anlatıp gülüştüler. Sonunda makinenin tamiri bitti.

- Borcum ne kadar? Diye sordu.

-Ne borcu? Ne yaptım ki!

-Teşekkür ederim.

-Her zaman beklerim.

Geldiği merdivenlerden inerek bu eski, bakımsız küf ve tarih kokan binadan çıktı. Kar şimdi lapa lapa yağıyordu."Ne güzel!" Sonra aynı yollardan caddeye çıkıp Perşembepazarı'na yöneldi.

****

Evine girerken bir "oh!" çekti. Kapının yanındaki sandalyeye oturup botlarını çıkardı. Paltosunu askıya astı, terliklerini giyip doğruca salona geçti. Perdeyi hafifçe aralayıp soğuktan üşümüş ellerini kalorifer borusunda ısıtmaya çalışırken dışarı baktı. Kar hızını iyice arttırmış, tipiye dönmüştü. "Pencerenin önü bile üfürüyor". Gerisin geri dönüp yanı başındaki televizyonu açtı. Tıpkı cami avlusunda izlediği gibi bir adam elinde tepsi, çadırın önünde oturmuş, iştahla yemeğini yiyordu. Ama bu adam öbürlerinden farklıydı. Bu kış kıyamette ve Ankara'nın kemiklere işleyen acı soğuğunda yorgun ama kararlı görünüyordu.

Televizyonun sesini biraz açtı. Yoksul görünümlü, soluk benizli adam kendisine uzatılan mikrofona konuşuyordu.

-Bu yemeği bize sendika gönderdi. Haftalardan beri sıcak yemek yemedik, ama durumumuzdan utanmıyoruz, bizi bu hale düşürenler utansın!

Ani Karar

"Aman yarabbi, sanki cehennem! Temmuz sıcağında bayır yukarı çıkarsan olacağı budur." Allahtan kaldırımlar bu saatte gölgedir, semt sakinlerinin çoğu yazlıklarında. Kalanları ise, güneş Haliç tepelerinde bir bakır tepsi görüntüsü almadan evlerinin kuzeye bakan odalarından dışarı adım atmazlar. Bu yüzden ne caddelerde fazla trafik, ne de kaldırımlarda fazla insan olur.

Nişantaşı'nı geçip Osmanbey'den Şişli istikametine döndüğünde yol biraz daha hareketlendi. Bankanın önünde şeytan dürtmüş gibi birdenbire durdu. "Yahu, girip bir sorayım, belki emekli maaşım bağlanmış, ikramiyem gelmiştir. Ama daha pek erken! Yok, yok gelmemiştir. Olsun! Sormaktan ne çıkar, en iyisi girip şansımı deneyeyim." Birden kendini bankonun önünde, memurun karşısında buldu.

-Buyurun.

-Şey, ben emekli oldum da, ikramiyemi şubenizden alacakmışım. Geldi mi diye bi sorayım dedim.

-Kimliğinizi alabilir miyim?

-Tabii, buyurun

26

Kimliğini memura uzattı. Adam hiçbir şey demeden masaya yöneldi, üzerindeki kalın ciltli defterin sayfalarını karıştırırken bir yandan da kimliğe bakıyordu. Sonra ilerdeki kapıdan geçip gözden kayboldu, ancak fazla bekletmedi. Az önce girdiği odadan elinde para tomarlarıyla çıktı. Elli yaşlarında, saçları hafif kırlaşmış ama hala zinde ve yaşam sevincini kaybetmemiş görünen müşterinin şaşkın bakışları altında paraları bankonun üzerine yığdı. Ardından içerden getirdiği standart formu kenara bağlanmış kalemin altına koydu ve gene aynı sessizlikle, işaret parmağını hafif hafif vurup imzalaması gereken yeri gösterdi.

Doğrusu bunu hiç beklemiyordu. Üstelik evden hazırlıksız çıkmıştı. Niyeti kısa bir yürüyüş yapıp günlük hayat gailelerinden bir nebze olsun uzaklaşmaktı. Bankonun üzerinde öylece duran beş deste para! "Peki, şimdi ne olacak?" Şu anda hiçbir hedefi, planı ya da hazırlığı yoktu. Anasından kalma başını sokacak bir yeri olduğundan hiçbir zaman ev mev almaya kalkışmamıştı. Zaten bu parayla oturduğu dairenin değil dört odasını, koridorunu bile alamazdı. "Şimdi ne olacak? Yatırsam bir türlü, çeksem bir türlü! Eve götürsem orda da soyulma tehlikesi var. Bu kadarla kalsa gene iyi, eş dost akraba taallukat şu üç kuruşu para sanıp başıma toplanacak!" Evdekiler de ayrı bi âlem! Ne yapsam yahu?"

O böyle karmaşık düşünceler arasında gidip gelirken memurun işaret parmağı yeniden aşağı yukarı hareket etmeye başladı. "Yahu nereden geldim buraya, üstümde bir gömlek, bir pantolon. Ayağımda çorap bile yok ki içine saklayayım. Her destede yüzer tane beş milyonluk olmalı. Ulan bilsem yanıma kese kâğıdı alırdım!" Büyüklerinden duymuştu, ev mev satıp ellerine para geçtiğinde kese kâğıdına koyup meyve sebze taşıyoruz süsü verirlermiş! Belli belirsiz gülümsedi ama memur "parayı gördü ya sırıtıyor." Diye düşünür endişesine kapılarak birden ciddileşti. Kalemi kapıp imzayı bastı. Adam kâğıdı çalışma masasının üzerine koyup kimliğini geri verirken yavaşça "Hayırlı olsun!" Dedi, sonra cevabı beklemeden masasına oturdu, kalın kara kaplı defteri açıp kaldığı yerden işine devam etti.

Bankonun önünde paracıklarıyla baş başa kalakalmıştı. Çaresiz, destelerden birini alıp anahtarlarının olduğu sol cebine güç bela soktu. Ama sağ cep boş olduğundan bu iş kolay oldu. Esas sorun arka cepte yaşandı. Ucu dışarıdan görünür endişesiyle sağ eliyle bir süre kontrol ettikten sonra "Bu da tamam!" Deyip dördüncü desteyi gömlek cebine adeta savaşarak tıkıştırırken "En azından göz temasımız var. Allahtan tişört giymemişim!"

Paralarını yeniden yokladı. Her şeyden emin olduktan sonra bankonun üzerindeki son desteyi de eline alıp sıkı sıkı tutarak kapıya yöneldi.

Dışarıda çevreye şöyle bir göz attı. Ana cadde ona her zamankinden daha tenha göründü. Etrafta polis falan da yoktu. Her zaman yirmi dakikada ulaştığı yer şimdi ona çok daha uzak görünüyordu. Geldiği yöne doğru hızlıca yürümeye başladı. Bankadan çıkalı daha beş dakika bile olmadan ceplerini en az iki kere kontrol etti. Ter çoktan fanilasını geçip gömleğini sırılsıklam ıslatmıştı. Durdu, alnından sızanları eliyle sildi.

"Bu böyle olmayacak." İkircikli ikircikli çevreyi kontrol eden gözleri birden önünde durduğu vitrine takıldı. "Otomobil, bordo renkli, ne kadar da alımlı görünüyor!" İyice sokulup şöyle bir kolaçan etti. İçerde başka arabalar da vardı. Devasa çalışma masasında oturan bir adam telefonla konuşuyordu. Aniden beyninde şimşek çaktı, sanki gizli bir güç onu içeriye çekti. Camekânın önündeki arabanın etrafında dolanırken az önce masasında oturan adamın yerinden kalkıp ona doğru geldiğini fark etti.

-Hoş geldiniz!

Kapıyı açıp arabanın içine şöyle bir göz attı." Sıfır kilometre arabalara mahsus o farklı koku!"

-Bakıyordum!

Konuşurken bir yandan da elindeki parayı gizlemeye çalışıyordu.

-Kaç para?

-İki buçuk milyon, banka kredisi de kullandırıyoruz.

-Kredi istemez!

Sonra geriye dönüp adamın masasına doğru bir iki adım attı. Satıcı da peşinden gelip yerine geçti.

-Bunu alacağım!

O ana kadar her şey doğal ve alışılmış görünüyordu. Ancak müşteri elindeki para destesini masaya bırakınca adam afalladı. Ardından gömlek cebindeki tomar masaya kondu. Müşteri her cebinden birer tomar para çıkarmaya devam etti. İki buçuk milyon tamam olunca:

-İşte hepsi bu! Dedi. Sonra ilave etti:

-Şimdi anahtarı verin, alıp gidelim!

Hiç böyle bir şeye rastlamamıştı. Hayretler içinde önce önünde duran beş tomar paraya, sonra da müşterinin yüzüne şaşkın şaşkın baktı!

-Ama nasıl olur? Ruhsatı yok, plakası yok. En önemlisi sigortası yok. Saat dörde geliyor, ama merak etmeyin, yarın hallederiz. Yoksa vermek kolay, alın götürün!

-Eeee?

-Siz şimdi lütfen, şöyle oturun. Bir kahve veya çay alır mıydınız?

-Çay!

Asma kattaki adamına seslendi:

-Evladım bize iki çay getir.

-Siz en iyisi yirmi beş bin lira kaparo bırakın, biz de size makbuz verelim. Ben gerisini hallederim.

Müşteri:

-Yahu arkadaş, ben bu paradan kurtulamayacak mıyım?

Satıcı makbuzu hazırlarken bir yandan da kıs kıs gülüyordu.

-Merak etmeyin, yarın sizi bu ağır yükten kurtarırız!

Çaresiz paraları yine gerisin geri ceplerine doldurdu.

-Bakın, tam karşımızda bankanın başka şubesi var. Parayı oraya vadesiz yatırın, yetkiliye de yarın çekeceğim diye tembihleyin. Geldiğinizde ben kasaya koyarım, işlemler sırasında sizi fazla bekletmeyiz.

Müşterinin duraladığını gören satıcı:

-Bi dakka! Yanınıza bizim iş takipçisini vereyim, bankaya kadar size eşlik etsin.

"Şimdi oldu!"

-Yarın görüşürüz.

-Bekleriz.

Takipçiyle beraber kapıya yöneldiler.

Para bankaya yatırılıp mesele o an için halledildikten sonra Kurtuluş istikametine giden caddede tek başına yürümeye başladı. Az ileride köşe başındaki küçük salaş restoranın önünde durdu. "Beş on kuruş ayırdığım iyi oldu. Bu durumda beni ancak Yorgo'nun meyhanesi paklar!"

Bisiklet

Kapının önünde bisikletine bindi. Seher bakkalın köşesinden dönüp Akaretler'e yöneldi, ilk vakıf evinin girişindeki bisikletçi Hasan efendinin dükkânında durdu. Hemen yanında saman, arpa gibi yem satan bir dükkân daha vardı. Sahibi kapının önünde hasır taburesine oturmuş, tek başına çayını yudumluyordu. Ne olur ne olmaz diye yol kenarında bırakmadı, kaldırımı aşıp dükkânın kapısına kadar götürdü.

Hasan usta eski bir bisikletin pedallarını tamir etmekle meşguldü. Geldiğini hissetmiş olmalı ki geriye döndü. Delikanlı üç yıllık müşterisiydi, gülümsedi.

-Ne vardı?

Hasan usta uzun boylu, tepesi açık, yanlardaki saçları bembeyaz ve kocaman elleri olan bir adamdı. Bu ağır sıklet görüntüsüne rağmen her zaman güler yüzlüydü. Lafı uzatmadan konuya girdi:

-Hasan usta, bisikletimi satacağım.

-Ne istiyorsun?

-İki yüz elli.

Bu rakamı pek de kafadan söylememişti. Babası bisikleti alırken beş yüz elli lira ödediğinden herhalde yarısı eder diye düşünmüştü. Üzerinde darbesi, çiziği yoktu.

Hasan usta hiç pazarlık etmeden pantolonunun arka cebinden cüzdanını çıkarıp parayı uzattı. Genç adam aslında ikiyüze bile razıydı. Biraz şaşkın, biraz memnun parayı alıp cebine koydu.

-Yalnız şu kâğıda "Bisikletimi Hasan ustaya sattım, parasını da aldım." diye yaz, imzala. İstersen bir kopyasını sana verebilirim. Böyle olması gerekiyor.

-Tabii, tabii! Dedi ve az önce bisikletle geldiği dükkândan yürüyerek ayrıldı.

****

Kapı açınca babasını elinde atölyede yaptırdığı gürgen ağacından kocaman bir kaykayla karşışında bulunca dünyalar onun olmuştu. Didonu yerden bir metreye yakın yükseklikte, aynen bir bisiklet didonu görüntüsündeydi. Usta bir işçilik eseri olan el tutamağı, silindir şekline getirilmiş gürgen ağacıyla gövdeye raptedilip yapıştırılmıştı. Aşağıya doğru çatal şekli verilmiş, bu çatalın arasına da güçlü bir takozla kocaman bir bilye yerleştirilmişti. Didonun öbür tarafı bir menteşe ve içinden geçen ucu kıvrık çelik bir çubukla dikdörtgen şeklinde ve

34

ancak arka arkaya iki ayak sığabilen başka bir tahta kısma bağlanmıştı. Bu tahtanın arkasında gene bir çatal ve arasında takoza takılmış başka bir iri bilye. Freni de ayakkabısının topuğundaki lastik. Yani ayakta binilen ve bir ayağın yeri itmesiyle hızlanan bisiklet müsveddesi Ama çok şirin ve güzel!

Okullar tatil olduğunda bu araç kömürlükten çıkarılır, silinip temizlenir, sonra yaşlı Seher hanımın bakkal dükkânından alınan arap sabunuyla bilyeler adeta yağlanır ve kapı önündeki kaldırımın çimentoyla sıvanmış zeminine bırakılırdı. On beş metre ileri, on beş metre geri, yani bir aşağı, bir yukarı. Bu ona inanılmaz bir keyif verirdi. İlkokulu bitirip ortaokula başladığında yaşıyla beraber ufku da büyüdü. Annesine fark ettirmeden aracını omzuna vurur, Şair Nedim caddesinin üstündeki yokuşu tırmanıp Cumhuriyet Fırınının önünde, yani asfaltın başladığı yerde aracını yere koyar, sol ayağıyla güç alarak hızlanıp ilerde tatlı bir meyille Ihlamur'a doğru giden yola kendini inanılmaz bir hızla bırakırdı. Göz açıp kapayana kadar Muradiye'ye ulaşır, sonra ayakkabısının topuğuyla bilye üzerine fren yapıp durururdu. "Patinaj" ismini verdiği aracını tekrar sırtına alarak Deryadil bayırını koşa koşa tırmanırdı. Ninesinin üç katlı kâgir evinin selamlık kapısı önündeki basamakları adeta sıçrayarak çıkar ve zile uzun uzun basardı. Bundan büyük keyif alırdı!

Yollar bomboştu, görebileceğiniz tek vasıta 26 numaralı Dikilitaş otobüsüydü. Bir de Ihlamur'daki Hamidiye suyu satış yerinden damacanalarını doldurup Akaretler'e giden at arabaları. Cumhuriyet fırınından aşağı inişleri de bambaşka bir âlemdi. Arabacı arabasını durdurup aşağı iner, arka tekerleğin altına, demirden bir kızak takar, sonra dizginleri çekerek arabanın yanında yürür, bazen de öne geçip dingili iter, iyice zorlanan, hatta kayan beygirleri bin bir zorlukla bayır aşağı sürerdi. Beygirlerin ve arabacının çektiği müşkülat her gördüğünde onu ürkütürdü.

Eve dönerken hala kaykayını düşünüyordu. Ne olduğunu nereye koyduğunu hatırlamıyordu. Birdenbire hayatından çıkmıştı.

****

Lise ikinci sınıftayken durumu gerçekten ümitsizdi. Beş dersten ikmale kalmıştı, sınıfı geçmesi mucize gibi görünüyordu. Anne ve babasının yüzlerindeki değişikliği fark etmemek mümkün değildi. Dönem sonuna doğru babasına "Merak etmeyin, hallederim." Dedi. Babası acı acı tebessüm etti.

-Bütün kış yattın! Şimdi bir ayda nasıl halledeceksin?

-Merak etme! Okul açıldığında onbirinci sınıftayım.

-Beyimiz kendine çok güveniyor.

-Geçersem bisiklet alır mısın?

-Evet!

****

Okullar açılalı iki haftayı geçmişti. Bir Cumartesi sabahı pencereden sarkıttığı sepete bakkal Sururi Efendi gazete ve ekmekleri koyarken "Hatırlatmanın zamanı geldi." Diye düşündü. Karanfillerle dolu pencerenin dibinde, kırmızı maroken sandalyede oturmuş, kafes arkasından sokağı seyreden annesine göz ucuyla bakıp:

-Sınıfı geçtik! Ne oldu bizim bisiklet?

Kadıncağız şaşırdı.

-Ne bisikleti?

Babası gazetesini indirdi, gözlerini oğlunun gözlerine dikti, sözün aslında kendine söylendiğini anlamıştı, gülümsedi:

-Hadi giyin, gidiyoruz!

Heyecan ve sevinçten geçen zamanı unutmuş, kendini bir anda Sirkeci'deki Musevi bisikletçinin dükkânının önünde bulmuştu. İçerisi İngiliz malı bisikletlerle doluydu. Satıcı kibarca "Buyurun!" dedi. Daha ilk bakışta aradığını buldu. Az ileride, duvara dayalı duran kırmızı bisiklet! Babası satıcıyla konuşurken Murat çoktan bisikleti yerinden alıp dükkânın ortasına getirmiş, hayran hayran çevresinde dolanıyordu. Ön tarafında kaleye benzeyen bir amblem, üstünde bir taç ve "King" yazısı vardı. Lastikleri 28 numaraydı, frenleri de nikelajlı çelikten. Yolcu taşıma yeri yoktu ama pırıl pırıl kırmızı çamurlukları, pompası, güzel bir selesi ve arkasına iliştirilmiş deriden tamir çantası vardı. Önündeki nikelajlı farı ince bir telle arka çataldaki şarj dinamosuna bağlanmıştı.

Murat satıcıyla konuşan babasına baktı ve ağzından "çok güzel" kelimeleri döküldü. İkisi de çocuğun bisikleti beğendiğini anladılar. Satıcı "600 lira" diyordu, babası da "ancak 500 verebilirim." Al aşağı, ver yukarı sıkı bir pazarlıktan sonra Ali Bey cüzdanından çıkardığı 550 lirayı Moiz efendinin eline saydı. Yanında bisiklet, arkasında babası dükkândan çıktılar.

Tramvay caddesine vardıklarında babası bir taksi çevirdi. Şoför bisikleti itinayla bagaja yerleştirip sıkıca bağladı. O kadar mutluydu ki eve nasıl gittiklerini hiç hatırlayamadı. O gece sabahı sabah etti.

Ertesi gün kahvaltıdan sonra akşamdan girişteki taşlıkta, tırabzana dayadığı bisikletini bin bir itinayla kapıdan çıkardı, pedallarından birini kaldırıma dayadı, kapının eşiğine oturup beklemeye başladı. Arkadaşları bisikleti pencerelerinden görmüş olmalılar ki birer ikişer sökün ettiler. Hepsinin bakışlarında takdir ve hayranlık okunuyordu.

-Aslında ben Peugeot veya Role bisiklet istiyordum. Yüksel'in siyah Role'si göbekten vitesli, ama ne Eminönü ne de Sirkeci'de göremedim. Vitessiz ama bu da güzel!

Nevzat:

-Ne olmuş, benimki de vitessiz. Güzel bisiklet!

Nevzat'la Beşiktaş çarşısında yayaların arasından kıvrıla kıvrıla kaymakamlık bahçesine giderlerdi. Orada kızlara caka satar, sonra aynı hızla geri dönüp eski tramvay caddesinden bir solukta karşıya geçer, birkaç dakika içinde evlerine ulaşırlardı.

Hele Yıldız bulvarının sahil yoluyla birleştiği noktada kaldırıma yanaşıp tepeleme kum dolu kamyonları bekleyişleri görülmeğe değerdi. İki veya üçüncü vitesle Yıldız bulvarına giren araçların son süratle peşine düşer, kamyon yokuşa sarıp yavaşlayınca Nevzat kasanın sağ tarafını o da sol tarafını yakalar, bulvarı tırmanıp tepe noktasına vardıklarında kamyonu bırakır, bomboş yollardan hızla geçerlerdi. Maslağa ulaştıklarında bisikletlerini Hacı Osman bayırından aşağı adeta uçarcasına salarlardı. Bir de tabii sahil yolundan dönerken Emirgan Çınaraltında verilen çay molaları vardı.

****

Evin kapısını çalınca annesi her zaman yaptığı gibi anahtarı sepetle pencereden sarkıttı. Merdivenleri çıkıp sofaya girdiğinde temizlik yapıyordu.

-Anne, şu parayı alsana!

-Ne parası?

-Babam hastanedeyken çok masraf ettin.

-Evet ama Emekli Sandığı çoğunu ödedi.

-Biliyorum, ama sen de harcadın.

Annesi 250 lirayı görünce bayağı şaşırdı, biraz da ikirciklendi.

-Bu parayı nereden buldun?

-Bisikleti sattım, kâğıdı da burada.

-Aslında iyi etmişsin!

Kitaplıktan "İhtiyar balıkçı ve deniz" romanını aldı, odasına geçip okumaya başladı.

Bulmacaların Efendisi

Büyük demir kapıyı güçlükle itip otelin lobisine girdi. Çerçevesi iyice eskimiş gözlüğünün üzerinden şöyle bir bakıp tanıdık bir sima aradı. Ön tarafta kapıya yakın masalardan birine oturdu. Elindeki çantayı masanın üzerine, paltosunu da yanındaki sandalyenin arkasına koydu. Sonra tepesine dikilen garsona şekerli bir kahve söyledi.

O gün lobi oldukça sessizdi. Pencerenin hemen yanında, sırtı duvara dönük oturan yaşlı bir adam, önündeki gazetenin üzerine bir şeyler karalıyordu. Başını her kaldırışında kendi kendine gülüyor, sonra eğip yine ciddileşiyordu. Tepesi iyice açık, kenarlarda üç beş tel saç, güleç kırmızı yüzlü, tombul mu tombul yanaklı, alnı kırışıklarla dolu biriydi. Göbeği otururken iyice fark ediliyordu. Boyu da oldukça kısaydı.

Bir yandan kahvesini höpürdetirken bir yandan da onun böyle pür dikkat ne yaptığını anlamaya çalışıyordu. Kahvesini bitirdikten sonra lavaboya giderken masanın üzerinde yığınla gazete ilavesi olduğunu fark etti. Tam sayfa devasa bulmacalar! Yaşlı adam bunların birini bırakıp diğerini alıyordu.

****

Kısa bir süre sonra otel baştan aşağı bakıma alındı. Eski müşteriler mekânı geçici olarak değiştirdiler. Önce sonbahar, ardından da koca kış geldi geçti. Yeni uğrak yeri Beşiktaş Ihlamur Kasrının karşısındaki parkta küçük, şirin bir tesisti. Eski arkadaşı İnci hanımla çaylarını yudumlarken emekli maaşlarının azlığından şikâyet ediyorlardı.

Birden kapı açıldı. Koltuğunun altında bir sürü gazete ilavesiyle içeri girdi. Kapının hemen dibinde dosyalarını yaymış, müsveddelerinin üzerinde çalışmaya devam eden yazar Galip beye başıyla selam verip ilerideki boş masaya oturdu ve dakika kaybetmeden büyük bir ciddiyetle bulmaca çözme işine başladı.

-Adam bulmacaların efendisi! Malzemeleriyle beraber otelden çay bahçesine taşındı.

İnci hanım gülerek:

-Ben de çözüyorum, ne var bunda? Bazı uzmanlar bulmaca çözmenin unutkanlığı önlediğini söylüyor.

-...

Yaşlı adam o esnada Galip beye ayaküstü hararetle bir şeyler anlatıyordu. Belli ki konunun heyecanına kapılmıştı. Kolları ve bedeni anlattıklarına adeta iştirak ediyor. Bir süre sonra masasına dönüp bulmaca çözmeye devam etti.

Öğlen vakti İnci Hanım:

-Ben acıktım. Bir şeyler yiyelim dedi.

Yerlerinden kalkıp salona geçtiler. Yazar Galip Bey çoktan sofraya oturmuştu. Masasında iki kişilik boş yer vardı. İkisi de sözleşmiş gibi oraya yöneldiler.

-Afiyet olsun üstat, müsaade eder misiniz?

-Hoş geldiniz, buyurun.

Garson yemekleri getirdi.

-Galip bey, demin konuştuğunuz kimdi?

-Ben de yeni tanıştım. Birkaç haftadır burada.

Bıyık altından gülerek,

-Durmadan bilmece çözerdi..

- Artık çözmüyor mu?

-Çözüyor çözmesine ama!

-Ne oldu ki?

-Kolunda ve omzunda şiddetli ağrılar duyuyormuş. Hastaneye gitmiş, doktor buna sormaya başlamış:

"Spor yapıyor musun?", "Ağır bir şey kaldırdın mı?", "Bir yere mi çarptın?"

Cevap hep olumsuz!

Doktor sormaya devam etmiş,

"Yoksa ters bir hareket mi yaptın? Bir düşün bakalım."

"Yoo, ama bana bulmaca çözmek zihine yararlıdır dediler, devamlı bulmaca çözüyorum."

Doktor önce anlayamamış.

"Nasıl yani?" Demiş.

"Canım işte günlük gazeteler, dergiler vesaire." Hepsini mi?"

Bizimki:

"Evet, hepsini!"

Doktor iyice şaşırmış!

"Yani sabahtan akşama kadar mı?" diye tekrar sormuş. Üstat biraz mahcup!

"Eh işte!"

Doktor "Hocam!" Demiş, "siz bu işe bir ara verin. Kolunuz çok yorulmuş!"

Az önce bana "Bırak yahu!" Dedi. "Ne biçim doktor bu?"

Durakta

Tophanedeki otobüs durağındayım. Niye gittim, niçin oradaydım, hatırlamıyorum. İkimiz ayakta öylece bekliyoruz. O benden önce gelmiş. Otobüsler vızır vızır gelip geçiyor. Fakat hiçbiri bizimki değil, gelen giden kimse de yok! Farkında olmadan, bir adım yaklaştı, ama söze önce ben başladım.

-Merhaba!

-Merhaba!

-Ne tarafa?

-Gültepe'ye.

-Ben de Ihlamur'a. Çok oldu mu geleli?

-Yok, hayır senden az önce geldim.

Aksanı kötü değil ama İstanbulluya da pek benzemiyor, üstü başı düzgün sayılır. İnce uzun bir yüzü, sipsivri burnu var. Boyu posu sanki kostüm mağazalarındaki mankenler gibi. Buna bakan sadece kemik, deri ve biraz da sinirden oluşmuş sanır. Bakışları çakır, saçları ak pak!

-Bıktım bu şehrin trafiğinden!"

-Yeni bir şey değil, alışırsın.

-Ne zaman alışacağım, otuz yıla yaklaştı geleli!

-Gültepe'de mi oturuyorsun?

-Evet, hanım bir süre önce öldü. Bir başımayım.

Yüzü birden değişti. Gözleri daldı. "Öldü" kelimesini söylerken sesinin tonundan, söze yüklediği manayı anlamak zor değildi. Konuyu değiştirmek istedim ama yapamadım!

-Ben de benimkini kaybettim uzun yıllar önce. Kimin kimsen yok mu senin?

-Üç kızım var. Hepsi evli.

Birkaç dakika sessizlik, sonra otobüsün geleceği yöne baktım. Ne gelen var ne giden. Bu kez söze önce o başladı.

-Sen nerde oturuyorsun?

-Ihlamur'da dedim ya! Yıllardır da yalnızım, hala bir dengimi bulamadım!

"Ulan bu da şarkı sözü gibi oldu!"

-Kızların mı bakıyor sana?

Acı acı güldü,

-Ne gezer. Ben onlara bakıyorum.

47

Şöyle bir dalıp düşündü,

-Bu sıralar biraz abarttılar. Kendileri yetmezmiş gibi kocaları da gelip gidip para istemeye başladılar.

-...

-Önceleri hoşuma gidiyordu, ama sonra tadını kaçırdılar.

-Nasıl yani!

-İşte yok kocamı işten çıkardılar, yok çocuk hasta, vallahi yakıtı ödeyemedik, babacım torununun okul masrafı, İsmail'in kredi kartı borcu! Tövbe, en çok da buna kızıyorum. Abuk sabuk şeylere para harcarken bana mı sordunuz be!

-Eee var ki ödüyorsun!

Burada biraz sırıttım. Adam patavatsızlığımı anladı, soylu adammış, aldırmadı, bilakis o da güldü.

-Evet, biraz dünyalığım vardı! Bir de emekli maaşımız, tabii!

Ne diyeceğimi bilemedim. Yola baktım, bu saatlerde trafik seyrekti ama bizim otobüsler hala ortalarda yoktu.

-Ne oldu bu vasıtalara yahu?

-Belki bir yerlerde sıkışıp kalmışlardır.

-Olabilir! Tıpkı bizim sıkışıp kalmamız gibi. Peki, nasıl çıkacağız bu işin içinden?

-Seni bilmem, ama benimki ümitsiz!

-Öyle deme! Sonuçta çocukların, kötülüğünü istemezler.

-Geç onu, evlattan hayır filan bekleme!

-Ee ne yapacaksın peki?

-Baktım bu böyle olmayacak, topladım cümbür cemaat hepsini eve, dedim ki "Çocuklar hazıra dağ dayanmaz, bende para bitti." Suratları anında değişti. Mızıklanmaya başladılar. Bir türlü inanmıyorlar bittiğine. Bir anda cimri ihtiyar oluverdim. Neyse arkadan esas konuya geçtim.

-Esas konu mu?

-Evet, kendime bir kadın buldum, evleneceğim dedim. Vay sen misin söyleyen!

Bir süre sustu. Hem sessizliği bozmak, hem de ona moral vermek istedim.

-Ne güzel, insanın bir eşi, evinde bekleyeni olması!

-Evet, ama gel de anlat. Sanki hepsi karşımda o an el ele verdiler.

Adamın anlattıkları ilgimi çekmişti doğrusu, sonunu öyle merak ediyordum ki otobüsü filan düşünmüyordum artık, hani biraz daha gecikse işime gelecekti nerdeyse!

Yüzüne merakla baktım,

-Ee sonra?

-Sonrası, hani küçücük bir dairem var demiştim ya, sebep o! Üç kardeş ev elimizden gider diye evlenmemi istemiyorlar.

-Bundan emin misin, seni sevdiklerinden olmasın sakın?

Döndü yüzüme baktı, acı bir tebessüm! Öne doğru birkaç adım attı.

-Benimki nihayet geliyor.

Sonra eliyle bir hoşça kal işareti.

Şimdi durakta tek başınayım. Otobüsüm bir türlü gelemedi. Üşümeye de başladım! Ama biliyorum, beklemekten başka yapabileceğim bir şey yok!

İnatçı

Yaz gelince her pazar erkenden bisikletiyle Sarıyer ordu evine kadar gider, sonra tekrar Beşiktaştaki evine dönerdi. Bunun dışında hafta sonları dışarı adım atmazdı. Diğer günler erkenden soluğu Boğaz'da veya Burgaz adada alırdı. Ayağına paletlerini, gözüne de deniz gözlüğünü geçirir, suyun en derin ve akıntılı yerinden denize atlardı. Biraz yüzdükten sonra çıkar, hemen kurulanıp giyinir fazla oyalanmadan evinin yolunu tutardı.

O gün de diğerlerinden farklı değildi. Aşiyan mezarlığının önünden denize girdi, epey yüzdü sonra kurulanıp giyindi. Bir adamın Rumelihisarı fenerine yakın, çam ağaçlarının gölgelediği bir bankta oturmuş, balık beklediğini gördü. " Yüzü hiç yabancı gelmiyor. Gidip bir bakalım, ne var ne yok!" Yaklaşınca balıkçı gülümsedi.

-Ağabey nasılsın?

-İyidir, Şadan, nerelerdesin?

-Karşı kıyılarda geziniyorum.

-Emekli oldun mu?

-Evet, ama hala çalışıyorum.

-Kızlar?

Güldü:

-Hepsini evlendirdim.

-Bakıyorum artık kefale takılıyorsun!

-Geçen gün karşı kıyıda adamın biri bir kefal tuttu, görmeden inanmazsın abicim, belimden yere kadardı. Üzerindeki çizgileri bir görseydin, gözleri de yılan gözü!

Şadan kendisinden gençti. Saçları bir zamanlar altın sarısı idi. Fakat şimdi başındaki şapkadan taşan bir tutam beyazlıktan başka bir şey görünmüyordu. "O da yaşlandı tabii!" Arkadaşları buna "İnatçı Şadan" derlerdi. Hâlbuki o güne kadar hiç bir inatçılığını, aksiliğini görmemişti. Bu yüzden de neden böyle dediklerini hiç anlayamamıştı.

Rumelihisarı çakarının önünden ansızın bir sahil güvenlik botu çıkageldi, önlerinden hızla geçip suları yara yara Marmara istikametine yöneldi. Şadan'ın kamışı sahile paralel ve yere yakın duruyordu. İkaz etti:

-Aman Şadan, kovan rıhtımın ucunda duruyor, gemi yollu geçti, şunları kenara al!

-Bir şey olmaz abicim!

Elini de boş ver gibilerden salladı.

-Ya Şadan kovaya bağlı livar da var, hepsi denize gider, çek şunları kenara!

-Ağabey korkma, bir şey olmaz!

-Allah Allah, arkadaş şunları çekip biraz içeri alsana!

-O zaman da yürüyenlere engel oluyor, basıp ezecekler!

"Aradan uzun süre geçti, belki huyu değişmiştir kızar mızar!" Diye aklından geçirmese, eşyaları kendi çekip kıyıdan biraz uzaklaştıracak.

-Yahu görmüyor musun? Tsunami gibi dalga geliyor!

-Yok, yok bir şey olmaz!

Dedi demesine ama tam o anda koca bir dalgayı da kafasından aşağı yedi! Bu kadarla kalsa gene iyi, kamış, makine ve kova o hengâmede denize düşüp dalgalara karıştı. Livar iple kovaya bağlı olduğundan içindeki iki iri kefalle beraber o da gitti. Şadan ne yapacağını şaşırıp ortalık yerde öylece kalakalmış çevresine bakınırken yanından uzaklaşıp az ilerde kıyıda uzanmış güneşlenen gençlere Şadan'ı işaret etti.

-Çocuklar az önceki geminin dalgası balıkçının kamış makinesini denize götürdü. Yardım eder misiniz?

-Olur amca!

Fakat yardıma gelen delikanlının hareketleri ağır çekim filmler gibiydi, dayanamadı:

-Evladım biraz çabuk!

Çocuk hiç oralı değil, sanki kızgın kumda yürüyor da tabanının altı yanıyor. Oysa o gün hava çok rüzgârlı ve biraz da serin.

-Hadi yavrum, bak çakarın az ilerisinde kuvvetli akıntı var, kamış oraya doğru gidiyor, bi vardı mı ancak karşı kıyıdan toplarız!

Delikanlı güldü. "Bu çocukta iş yok, bu işi beceremeyecek, Allah bilir yüzme de bilmiyordur. Sonunda Şadan'ın balık takımlarıyla beraber bu herifi de kurtarmak zorunda kalmayayım!" Bu düşüncesine kendisi de güldü. Çocuk hala kıyıda denize girecek yer arıyor. "Ya sabır!"

-Evladım, şu çakarın kenarından kendini bırakamaz mısın?

-Ağabey ben yapamayacağım!

Çocuk arkasını dönmüş giderken,

-Keşke başta söyleseydin, zaman kaybettik, bayağı açıldılar.

Beriki hiç oralı değil, çoktan arkadaşlarının yanına döndü. Bu arada Şadan acınası bir ifadeyle:

-Hocam sen yaparsın, gir de çıkar şunu!

"Hay Allah, onu hiç böyle görmemiştim!" Şimdi daha hızlı bir şekilde tekrar sahilde güneşlenen insanların yanına yöneldi. İçlerinden birini tanıdı.

Yanına vardığında hemen kolundan tutup kenara çekti ve durum böyle böyle diye özetledi.

-Hemen koş! Akıntıya doğru gidiyor! Sonrası gitti gider!

Genç adam ikiletmedi:

-Tamam abi, sen hiç merak etme!

Süratle çakara ulaşıp balıklama denize daldı, biraz zor da olsa gidenlerin hepsini geri getirmeyi başardı. İnatçı Şadan sonunda malzemelerine ve balıklarına kavuşmuş, neşesi yerine gelmişti.

Evine dönerken kendi kendine "Şimdi bu çocuğa güzel bir hediye vermek lazım!" Dedi ve ilave etti. "Lan inatçı, şu başıma açtığın işlere bak!"

Oh Kurtuldum!

Uykudan uyanıp gözlerini açar açmaz ilk aklına gelen balığa gidecekleri oldu. Hemen toparlandı, elini yüzünü yıkayıp mutfağa girdi. Teldolaptan biraz beyaz peynir ve domates aldıktan sonra ekmek kutusuna yöneldi. Mis gibi taze ekmeği çıkarıp sofadaki muşamba kaplı küçük masaya koydu."Annem gene bakkal Sururi'nin en güzel ekmeğini kapmış."

-Anne, anne!

Cevap alamadı. "Kesin kasaba gitmiştir." Ekmeği ikiye bölüp birinin içini açtı. Kestiği domates ve peynir dilimlerini yerleştirip sandviçini temiz bir gazete kâğıdına sardı. "Hemen çıkmalıyım," İki satır not yazıp bardağın altına yerleştirdi. Sonra merdivenlerden hızla indi kapıdi.

Beşiktaş çarşısını geçip Suat park sinemasına yaklaşınca Nevzat'ı gördü.

-Nerdesin yahu! İki saattir burada ağaç olduk.

-Kusura bakma, uyuyup kalmışım. Malzemeleri aldın mı?

-Evet, ama biraz daha oyalanırsak sıcağa kalacağız.

İki arkadaş, Yıldız bulvarından Boğaz'a giden otobüslerin geçtiği durağa kadar yürüdüler.

O Haziran zorlu lise mezuniyet sınavlarını başarıyla vermişlerdi. Şu anda üzerlerindeki bir örnek gömlekler annesinin diploma hediyesiydi. Okul artık geride kalmıştı. Gündüzleri bazen balığa bazen de yüzmeye gidiyorlardı. Akşamları ise ya bisikletlerine atlayıp sahildeki kaymakamlığın bahçesine ya da yazlık sinemalara!

Çınaraltı'nda otobüsten inip balık tutanların kovalarına baka baka birkaç yüz metre yürüdüler. Nevzat:

-Burası iyi, daha önce de gelmiştim.

Küçük teknelerin yanaşmasına uygun, denize karşılıklı beş altı basamağı olan dar platformun merdivenlerinden indiler, sonra ayakkabı ve çoraplarını çıkarıp basamaklara oturdular.

-Şu kenardan eğilip biraz midye alayım.

-Elbiselerle denize düşersen çok gülerim ha!

Nevzat ayağa kalktı, oltasını havada birkaç kere çevirip olabildiğince ileri fırlattı. Kendi oltası da zaten hazırdı. Çarçabuk yemleri takıp o da attı.

Balıklar birer ikişer gelmeye başladılar.

-Nevzat! İzmaritler pabuç gibi be!

-Evet, ne kadar tutsak kardır.

Birden yalnız olmadıklarını fark etti. Başını kaldırınca tam tepelerinde sekiz on yaşlarında esmer, kara gözlü, kıvırcık saçlı bir çocuğun kendilerini ilgiyle izlediğini gördü. Üzerinde ayaklarına kadar inen uzun kollu beyaz bir entari vardı. O kadar parlak, temiz ve beyaz görünüyordu ki "Bu kesin ipekli" diye düşündü. İpek sünnet entarisini hatırlayıp hafifçe güldü.

-Kendi kendine ne gülüyorsun lan?

-Hiç, şu tepemizdeki çocuğun üstündekini sünnet entarime benzettim.

Bu sefer açıkça gülmeye başladı.

-Ama o sünnet entarisi değil, görmüyor musun çocuk Arap! Ayağında da terlikler!

Nevzat hem konuşuyor hem de misinasını hızlı hızlı çekiyordu. Çocuk sağ üst tarafında, arkadaşı ise solundaydı. Herhalde gelen balıkları daha iyi görmek için olacak, biraz daha öne çıktı. Gözü balıklardaydı. Nevzat iki balığı kaldırmış, rıhtıma almak üzereydi ki "coff" diye bir ses duyuldu. Çocuk üstlerinden aşıp denize düştü. İkisi de bir an donmuş gibi öylece kaldılar. Sessizliği Nevzat bozdu.

-Atla!

-Sen atlasana! Daha gömleği ilk giyişim.

Dizlerinin üzerine çöküp suya doğru eğildi. Bu arada misinanın sarılı olduğu mantarı rıhtımdaki taş blokların arasına sıkıştırmayı da ihmal etmedi. Yavaşça mırıldandı:

-Allahtan zemin pis değil.

Bir yandan da bakışları suyun içindeki çocuğa kilitlenmişti. İki metre derinlikte, yukarı çıkmak için can havliyle çırpınıyordu. Yazlık gömleğini suya değdirmemeye özen göstererek iki kolunu suya daldırıp çocuğun gelişine göre pozisyon aldı. O kadar eğilmişti ki zaman zaman suyun burnuna değdiğini hissediyordu. "Şimdi" deyip hamlesini yaptı. Amacı elbisesinden veya kollarından yakalayıp yukarı almaktı. Bunu başarmasına ramak kalmıştı ki çocuk parmaklarının ucundan kayıp gitti. "En az yarım metre daha gitti," diye düşündü. Nevzat'a bağırdı:

-Çabuk, çabuk ayak bileklerimden yakala beni.

Sonra başından dizlerine kadar suya daldı, kollarını da iyice ileriye uzattı. Artık gömlek filan umurunda değildi. Nevzat'ın ayak bileklerine sımsıkı sarılmış parmaklarını hissediyordu. "Geliyor! Bu defa yakalamalıyım, yoksa çocuk gitti gider."

Elbisesinin yakasından yakaladı, diğer eliyle de bileğinden. Ve var gücüyle başını sudan çıkarıp Nevzat'a:

-Çek bizi! Diye bağırdı.

Zaten olanı biteni izliyordu. Bir eliyle de pantolonunun kemerinden yakalayıp arkadaşını ve ona can havliyle sarılan çocuğu kıyıya aldı.

-El halas! El halas!

Nevzat:

-Ne diyor bu be?

-Kendi dilinde "kurtuldum!" diyor. O iyi görünüyor ama benim gömlek gitti.

-Abartma, bir iki gün sonra nasıl olsa yıkanacaktı.

Çocuk üstlerinden akan sulara bakıp gülmeye başladı.

-Keratanın keyfi yerine geldi, belli ki durumu iyi,

-Böyle devam edemeyiz, bunu evine bırakıp dönelim.

Nevzat malzemeyi ve balıkları çoktan toplamıştı bile. Yukarı çıkınca çocuğa:

-Ev? Evin nerede?

Çocuk saf saf yüzüne bakınca bu sefer:

-Hane, hane! Dedi.

Birden topukları üstünde dönüp parmağıyla hemen yolun karşısındaki evi gösterdi. Genç adam başıyla "hadi gidelim" işareti yaparken bir yandan da elini çocuğa uzattı. O da az önce hayatını kurtaran bu eli hiç tereddüt etmeden yakaladı.

-Vay be! Çocuk koskoca bir köşkte oturuyor.

Caddenin karşısına geçip köşkün önüne geldiler. Bahçede bir adam çiçekleri suluyordu. Ama üzerindeki üniformasıyla bahçıvandan çok köşkün bekçisi veya patronun şoförü gibiydi. Bunları böyle sırılsıklam görünce şaşırdı. Hortumu çimene bırakıp aceleyle yanlarına geldi. Bir çocuğa bir de onlara bakıp:

-Hayırdır, ne oldu?

-Ne olacak, kıyıda balık tutanları seyrederken cup diye denize düştü. Olanı biteni kısaca özetleyip "Kurtardık, getirdik." Dedi.

-Teşekkür ederiz, sağolun!

İki arkadaş tam çocuğa hoşça kal makamında el sallayıp gidiyorlardı ki adam birden "Bir dakika," dedi.

-Telefonunuzu veya adresinizi alayım.

Dönüp Nevzat'a baktı.

-Sen ver! Sen kurtardın.

Adam koşup bekçi kulübesinden kâğıt kalem alıp geldi.

-Annesi babası şu anda evde yoklar. Ben kendilerine söyleyeceğim. Zaten çocuk da anlatır. Mutlaka sizi ararlar.

İki arkadaş kapıdan ayrılıp otobüs durağına yürürlerken Nevzat:

-Hadi gene iyisin. Dedi. Gülüştüler.

-İkincide yakalayamasaydım çocuğun durumu kritikti.

-Benim de aklımdan geçmedi değil, son çare olarak seni itip suya atacaktım.

Arkadaşına inanmayan gözlerle bakıp:

-Vay be!

Öbürü evet makamında başını salladı, gülerek:

-Valla! Dedi.

****

Aradan iki üç hafta geçti. İki arkadaş akşam kaymakamlığın bahçesinde bisikletlerinin selesine oturmuş, soluk Üsküdar ışıklarının deniz üzerinde yarattığı yakamozları seyrederlerken Nevzat birden:

-O günden sonra arayan soran oldu mu?

-Kimi?

-Kimi olacak, seni! Şu denize düşen çocuğun ailesi, seni arayıp sordular mı?

-Yoo, ararlar diye birkaç gün bekledim ama sonra boş verdim.

Nevzat hiçbir şey demedi. İkisi de sanki sözleşmiş gibi aynı anda pedallara kuvvetle basıp bisikletlerinin yönünü Köyiçindeki mahallelerine doğru çevirdiler. Artık yaz akşamlarında ateşböcekleri mahalle aralarında eskisi kadar görünmüyorlardı ama Ihlamur'a giden bu yolun sonunda onlara rastlamak hala mümkündü!

Örücü

Her zaman yanından geçtiği ıhlamur ağacından inanılmaz güzel kokular geliyordu. "İnsanın başını döndürüyor, biraz oyalanıp şunun gölgesinde bir çay içmek fena olmaz doğrusu." Ağacın karşındaki işhanının hemen girişinde, merdiven altında bir çay ocağı vardı, bizim eski ahbabın minicik dükkânı da onun dibinde! Seslenmeye hiç gerek yok, uzansa, çaycı bir bardak çayı avcuna bırakabilirdi.

Ocağın önüne geldiğinde adam yerinde yoktu ama oğlu oradaydı.

-Bir açık çay verir misin?

Minicik tabureye oturmuş çayını yudumlayan genç kız elindeki sigaradan derin bir nefes çekip cilveli cilveli yanındaki tabureyi işaret ederek,

-Buyurmaz mısınız?" Dedi.

Gülerek,

-Otururum ama sigara içmezsen!

Genç kız alınmadı, o da güldü. Çayını alırken göz ucuyla örücü dükkânına baktı, yaklaşık kırk yıldır buradaydı. Ne zaman işi düşüp gelse " Bu kadar ufak mekâna sahibinden başka bir kişi daha sığar mı acaba? " Diye düşünür, şimdilerde çoktaan yerinde yeller esen eski ahşap evlerindeki yüklüğü hatırlardı. Örücü başı önünde çalışıyor, karşısında bir kadın oturuyordu. İçten içe güldü. "Kırk yıldır ilk defa buraya iki kişinin sığdığını gördüm!"

Dışarı çıktı. Sırtını binanın duvarına dayayıp çayını yudumlarken yoldan geçenleri seyrediyor, bir yandan da ıhlamur çiçeğinin baş döndürücü kokusunu içine çekiyordu.

Sonunda çayını bitirdi. Bardağı ağacın dibine bırakıp gitmeye hazırlanırken yanıbaşında örücüyü gördü. Bir şey söyleyecekmiş de karar veremiyormuş gibi yüzüne bakıyordu.

-Hocam, dükkândan az önce çıkan kadını gördün mü?

-Evet, çarşıya doğru gidiyordu.

-Hah, işte o! Getirdiği kumaş bir toplu iğne başından biraz büyükçe delinmiş. Hemen yanında ördüm, sonra kendisine verdim. Cebinden on lira çıkarıp uzattı. " Basit bir iş, bir şey istemez." Dedim. Parayı zorla gömlek cebime sıkıştırdı, teşekkür edip gitti.

-Aferin, ustalığa saygı duymak gerekir.

-Dinle, devamı var.

65

-Eee?

-Dün bu saatlerde dükkâna bir çocuk geldi. Elinde bir pantolon, "L" şeklinde kocaman yırtık. Benden örmemi istiyor. Kendisine kumaşın örülmeye uygun olmadığını söyledim, ne yaparsam yapayım belli olacaktı, gene de tamir etmemi istiyorsa elimden geleni yaparım dedim.

Elindeki çay bardağını duvarın kenarındaki çıkıntıya bıraktı.

-Şimdi aklıma geldi! Geçen yıl kot pantolonumu yırttığımda bana da aynı şeyi söylemiştin. Ertesi gün örülmüş halini görünce pek beğendim, belki hatırlarsın.

-Evet! Ama bak şimdi olanlara!

-...

-Çocuk "Tamam," dedi. Ben de elimden geleni yaptım. Biliyorsun kırk yıldan fazladır bu işin içindeyim.

- Biliyorum.

-Pantolonu sarmadan önce görmesi için uzattım. Örülen yere baktı, baktı, sonra "Anam da bu kadar örer!" Dedi.

Adam gözlerini hayretle açtı:

-Yok yahu!

-Bu kadarla kalsa iyi,

-...

-Bir kere daha tekrarladı. "Anam da bu kadar örer!" Hem bu sefer gözlerini gözlerime dikerek!

-...

-Pantolonu elinden çekip aldım. O daha ne olduğunu anlamadan makasla ilk haline getirdim, sonra "Anana götür, örsün!" Dedim.

İkisi de çarşıya doğru uzayıp giden yola bakarken, belli ki aynı sahneyi hayal ediyorlardı.

-Şu hale bak hocam, bir deminki hanımın davranışına bak, bir de bununkine.

-İnsanlar!

-Evet, insanlar, çeşit çeşit!

-Ama sen ona unutmayacağı bir ders vermişsin.

Gülerek:

-Kim bilir? Dedi.

Örücü hana girip gözden kaybolurken o da ağır ağır evinin yolunu tuttu.

Şanslı

Hiç keyfim yoktu, uyumak zorunda olmasam eve girmek içimden gelmiyordu.

Dursun meslektaşım, uzun yıllar aynı işyerinde beraber çalıştık. O sıralar ailesinden uzakta. İşyerinin koridorunda karşılaştık.

-Evvelki akşam çok güzel lüfer tuttum. Hadi gel beraber pişirip yiyelim.

-Olur, ama sana zahmet vermeyeyim.

-Ne zahmeti canım!

Eve gelip üç beş sohbetten sonra mutfağa geçtik. Buzdolabını açtığımda, ne göreyim, salata dâhil her şey var, ama lüfer bir tane! Diğerlerini dün akşam ve evvelki akşam yediğimi unutmuşum. "Şimdi ne yapacağız?" diye şaşkın şaşkın Dursun'un yüzüne baktım.

-Sarıyer'de üç tane lüfer tutmuştum. İkisini yemişim, valla çok mahcup oldum, hay Allah!

-Boş ver, üzülme, yarı yarıya yeriz. Allah ne verdiyse!

-Yok olmaz! Giy ayakkabılarını, gidiyoruz.

-Nereye?

-Balık tutmaya!

-Tutabilecek misin?

-Daha saat erken, bir iki saat kadar deneriz. Zaten bu balık akşam tutulur. Olmazsa zaten lokantada var.

İkimiz de güldük.

Kapıyı kilitledim, otoparka inip bahçede bekleyen emektar Şahin'e bindik. Kamış, makine ve takımlar zaten arabada. Uzun zamandır lüfer bol, bu yüzden onlar hep bagajda! Artık üzerlerindeki yazılar balık pullarından ve yem kırıntılarından görünmez oldu. Her hafta " Bu pazar günü şunları eve götürüp banyo küvetinde iyice yıkayım," diye aklımdan geçmedi değil ama vakit darlığından bir türlü yapamadım.

Yola koyulduk. Bebek ve Rumelihisarı'nı geçip, Boyacıköy'e gelmeden tanıdık yüzlerle karşılaştım Moral Eğitimi'nin önünde kaldırıma çıkıp diğer arabalarının yanına park ettim. Arkadaşlara:

-Rasgele! Diye seslendim.

-Rasgele! Hoş geldin.

Bagajı açıp malzemeyi çıkarırken göz ucuyla Boyacıköy istikametine bakınca, sıra sıra balıkçıların taburelerine oturmuş, gözleri kamışlarında beklediklerini gördüm. Dursun'la beraber, ellerimizde malzemeler, biraz yürüdük. Bu kalabalığın taa Emirgan'a, hatta Tokmakburnu'na kadar uzadığını düşünüp, geri dönerken balıkçıların kovalarına söyle bir göz attım. Hepsi boştu. Buna rağmen ümidimi yitirmedim. Arabaya yakın uygun bir yerde kamışı açıp, makineyi sıkıştırdım. Kurşunu, takımı oltaya bağladım. Ama çevremdeki insanların gözlerinde biraz alaycı bakışlar yakaladım. Şu kadar adam sabahtan beri bir tane balık tutamadık, sen nasıl tutacaksın der gibiydiler. Hay Allah, yanımda yem yok! Bunlar balık tutamadıklarına göre yemleri çoktur. En yakınımdaki tanıdık balıkçı, sanki düşüncelerimi okumuş gibi:

-Allah bilir şimdi senin yemin de yoktur.

-Nasıl anladın? Şuradan birkaç yem at da işimize bakalım!

-Livarda, Çek al!

Dört beş tane istavriti kovama aktarıp, içlerinden bir tanesini oltaya taktım. Kurşunu da yola yakın bir yere koydum. Sonra da kamışı ve oltayı bütün gücümle savurdum. Bir elimle misinayı yavaş yavaş denize salarken gözüm Dursun'u aradı.

Zavallı o ana kadar olaylara yabancı! Tanımadığı bir çevre ve hiç yapmadığı bir iş, biraz şaşkın, biraz meraklı gözlerle olan biteni izliyor.

Sol elimle yolu gösterdim.

-Dursun'cuğum şu Boyacıköy'ün hemen girişinde bakkal var, iki bira al da içelim!

Sanırım bu fikir hoşuna gitti. Hemen dönüp yürümeye başladı.

Kurşun dibe inince misinanın boşluğunu aldım. Kamışı elimde tutuyorum, sanki balık o kadar çok! Atar atmaz vuracakmış gibi tetikteyim. Parmağım misinanın, gözlerim de kamışın ucunda. Herkes sohbete dalmış. O şekilde beş on dakika geçti. Bir ara Boyacıköy istikametine baktım. Bizimki elinde torba geliyor. "Fazla gerilmeye de lüzum yok, olmazsa biralarımızı içer, dönerken Ortaköy'de balıkçı lokantasına uğrarız." Bu düşünceler içinde misinanın boşluğunu bir kere daha alıp elimdeki kamışı setin üzerine koyduğum beze yasladım.

Dursun iyice yaklaşmıştı. Birden sanki denizin içinden kuvvetli bir el kamışın ucunu aşağı doğru bir iki kere çekti. Fırlayıp, bir eliyle kamışı, öbür elimle de makinenin kolunu yakaladım. Sonra geriye doğru çekip, süratle sardım. Kamış bükülünce ucu bayağı ileride kaldı. Aynı hareketi bir daha tekrarladım. "Bu kesinlikle lüfer, hem de en hasından." Yan gözle şöyle bir arkadaşıma bakıyorum. Olup biteni merakla seyrediyor. Bastıra bastıra makinenin kolunu çeviriyorum. Etrafımdaki konuşmalar birden bıçak gibi kesildi ve yerini sessizlik aldı. Göz ucuyla bile çevreme bakacak zamanım yok. Bütün dikkatimi, denizin içinden üzerindeki suları damlata damlata bana doğru gelen misinaya ve makinenin yavaş yavaş verdiği kalama sesine yoğunlaştırmışım. Bu anı sayısız yaşamış olmama rağmen, her seferinde bana saatler gibi gelir!

Dursun'un hayret dolu bakışları altında balığı sudan aldım. Ancak sabahtan beri bekleyip bir tane bile balık tutamayan balıkçılar ondan daha şaşkın.

-Şansa bak!

-Bu ne be!

-Yahu sabahtan beri burada cümbür cemaat bekliyoruz! Adamdaki kısmete bak!

İğneyi ağzından çıkarırken seyircilere dönüp son bir gösteri, sonra balığı kovaya atıp, kamışı kapatıyorum. Arkadaşım bir kovadaki koca balığa bir de bana bakarak,

-İnanamıyorum!

-Vallahi ben de! Bu kadarı bize yeter, hadi gidelim. Yoksa nazara geleceğiz!

Neşeyle arabaya binip yola koyulduk. Tam Ortaköy'de mahalle aralarındaki balıkçı dükkânının önünden geçiyorduk ki, gözlerimi yoldan ayırmadan:

-Arkadaşım sana bir güzellik yapacağım, balıkların tazesini sana vereceğim! Dedim.

Resim Öğretmeni

Sıkıntılı günlerini yaşıyordu. Babası ölmüş, eşinden boşanmış, çocuklarından ayrı kalmıştı. Neyse ki Eylül darbesinden kısa bir süre önce kendini İstanbul'a atmış, üç yıldır yaşadığı Trakya'nın uzak bir ilçesindeki taşra otelinden kurtulup İstanbul'a, anasının sıcak yuvasına kavuşmuştu.

Tayin olduğu okul o zamanki şartlara göre İstanbul'un kırsalında sayılırdı. Yolda iki vasıta değiştiriyordu. Okuldan dönerken Kâğıthane civarında diğer yolcularla beraber otobüsten indirilip silahların ürkütücü gölgesinde, elleri araca dayalı tepeden tırnağa aranıyordu. O kadar bunalmıştı ki sonunda yolunu değiştirdi. Artık akşamları evine Şişhane üzerinden dönüyor, otobüsten ininje Tepebaşındaki tarihi Sarı Madamın kahvesinde bir süre mola veriyordu. Burayı kışlık, biraz aşağıdaki Tepebaşı gazinosunu da yazlık mekân edinmişti. Ama zaman zaman bunun tersi de olmuyor değildi hani! O günlerde Tünel'e çıkarken sokak arasında bir ayakçı meyhanesi keşfetmiş, akşam yemeklerini çoğu zaman orada yiyordu. Kahvede bir nargile daha içip gece sokağa çıkma yasağı başlamadan hızlıca İstiklal caddesinden geçerek Taksim'e çıkıyor, en nihayetinde soluğu Teşvikiye'deki evinde alırdı.

Daha eve girmeden elektrik kısıntısı başlar, anacığını, uzaklarda bir köy evindeymiş gibi duvara astığı idare lambasının ölgün ışığı altında sabırla onu beklerken bulurdu. Yaşlı kadın belki çocukluk yıllarından buna alışık olabilirdi ama kendisinin alışması o kadar kolay değildi. Ancak gene de bir tesellisi vardı. Bu vesile ile tek kanallı televizyondan atılan mutat üniformalı nutukları dinlemekten kurtuluyordu.

O günlerden birinde odasının önünden geçerken baş muavin "Sana bir evrak var!" diye seslendi. Sonra çekmecesinden bir zarf çıkarıp uzattı. "Savcılıktan," diye de ilave etti. Zarfı alırken adamın dudaklarındaki gülücüğü yakaladı."Daha bir sene bile olmadı. Kendisini kızdıracak bir şey de yapmadım. Herife bak, nerdeyse ağzı kulaklarında!" Sonra tenha bir yere çekilip zarfı acele acele açtı ve çabucak okudu. Eski okulunda yaşadığı bir olayla ilgili bilgisi isteniyordu.

Birden hafızasında anılar canlandı. Çok sevdiği avcılık dışında İstanbul'dan pek çıkmamıştı. Buranın kırları bayırları onun için kasabadan daha bilindikti. Zaman zaman buralarda avlanırdı. Bu av merakı yüzünden öğretmenler derneğine de gitmez boş vakitlerini avcılar Kulübünde geçirirdi.

Öğle yemeklerini, İstanbul'un ancak sayılı restoranlarında bulabileceği lezzeti aratmayan küçük bir lokantada yiyor, akşamları da şehir kulübünde kendine nefis ızgara ziyafetleri çekiyordu. Keyfi yerindeydi, yöre halkı ile arası da bayağı iyiydi.

Ancak okulda durum biraz farklıydı. Her siyasi düşünceden öğretmenler vardı. Bir gün güncel olaylar hakkında kendince yorum yapan baş muavine:

-İlhan bey sana bir hikâye anlatayım mı? Dediğinde sertçe:

-Bana hiç hikâye anlatma hocam! Cevabını almıştı.

"Herhalde bunlar boykot yaparken benim derslere girmeme kızdılar." Ama kasabanın caddesinde yürüyüşe katılıp slogan atan İlhan Bey tutuklanıp soluğu hapishanede alınca okul müdürü ile beraber ziyaretine gitti. Tutukluların avluda voleybol oynadıklarını görünce kendi kendine "Herife bak be! Başına gelenlerin farkında değil. Düne kadar öğretmenler odasında keyifle atar tutar, kimseyi konuşturmazdı. Bugün de burada neşe içinde top oynuyor!" Dedi.

Aralarında genç bir bayan resim öğretmeni vardı. Siyah saçlı, çekik gözlü, ince zarif görünüşlüydü. Kara gözleri ışıl ışıldı. Ne zaman ona baksa Japon'a benziyor diye düşünürdü. Cana yakındı. Her karşılaşılaşmalarında birbirlerine tebessüm ederlerdi. Ancak genç kızın siyasi düşünceleri ve onları ifade tarzı sertti. Bu yüzden sohbetleri genellikle kısa olurdu ve hatır sormaktan öte gitmezdi. "Sanırım bu da boykota katılmış." Elindeki çağrı belgesine bir kere daha göz attı. "Herhalde ifadesinde hastalandım, eve gitmem gerekti. Giderken ona söylemiştim." Demiştir. "Eyvah! Bu kadar insan içinde en korkağını en kabadayı zannetti!"

O gün kimseyle fazla konuşmadı. Dönüşte Şişhane'ye bile uğramadan evine gitti. Annesine hiç bir şey anlatmadı, sabahleyin erkenden ilçe adliyesinin yolunu tuttu. Doğruca savcılık kalemine gitti. Görevli memura biraz çekingen, elindeki davet yazısını uzattı. Adam yazıyı okurken heyecanını bastırmaya çalışıp "çağrınızdaki kişi benim." Dedi. Memur cevap vermeden geriye dönüp rafta dizilmiş büyük defterlerden bir tanesini çekti. Orta yerinden açıp ileri, geri karıştırdı. Sonunda aradığını bulmuş olmalı ki yerine koydu.

-Bu kişi okuldan ayrılırken "Hastayım, eve gitmem lazım." Diye size söylemiş. Bu doğru mu?

-Evet.

-Peki, tamam siz gidebilirsiniz.

-Bu kadar mı?

-Evet, bu kadar!

Zihninde bir sürü soruyla oradan hızlıca ayrıldı. Otobüse bindiğinde kafası hala karışıktı. "İmza filan attırmadı. İster misin bir de gelmedin desinler! Yok yok! Vehim yapma, olmaz öyle şey! Adamın işini ondan iyi mi biliyorsun?"

Otobüs son durağa gelince şaşkın bakışlarla şöyle bir etrafına baktı. "Allahtan buraya kadar! Yoksa kim bilir nereye giderdim!" Dünkü gibi doğruca evinin yolunu tuttu.

****

Bu olaydan on yıl kadar sonra bir gün telefon çaldı.

-Nasılsınız? Ben Necla, resim öğretmeni! Hatırladınız mı?

-Hatırlamaz mıyım? Teşekkür ederim iyiyim. Ya siz nasılsınız?

-Sağ olun ben de iyiyim. Mesleğime devam ediyorum.

-...

-Sizi çok aradım. Ama bir türlü ulaşamadım!

-Şimdi nerdesiniz?

-Antalya'da.

-Çoluk çocuk?

-Evlendim, ayrıldım. Kızımla beraber oturuyorum. Sizi de en yakın zamanda Antalya'ya bekliyorum.

-Kısmetse gelirim.

-Ama mutlaka bekliyorum! Gelmeden telefon edin, sizi karşılayayım. Kalacak yeri sakın sorun etmeyin!

-Niye olmasın, fırsat bulursam gelirim.

Bir süre daha sohbet ettiler ama mahkeme konusu açılmadı, Antalya'ya da hiç gitmedi. Sadece bu kadın benim ev telefonumu nasıl buldu diye bayağı düşündü!

Şehir Yürüyüşü

İkisi de mimardı, aynı yerde çalışıyorlardı. Yaptıkları işi iğneyle kuyu kazmak olarak yorumluyor, zihinsel dinlenmenin yolunu boş vakitlerinde çeşitli etkinliklere yönelmekte buluyorlardı. Yaşça büyük olanın merakı uzun yürüyüşler yapmaktı. Ama öyle dağda bayırda değil, caddelerde, bulvarlarda, sahillerde yürümek. Adını da koymuştu, şehir yürüyüşü! Kendince parkurları da vardı. Poyraz estiği günlerde Üsküdar'a geçip sahil yolundan Haydarpaşa köprüsüne, oradan da Kadıköy'e kadar gidiyor, lodos havalarda Kadıköy'den Üsküdar'a yürüyordu. Başka bir güzergâhı da vapurla Eyüp'e gidip Haliç'i Fener - Eminönü veya Fener - Unkapanı - Şişhane hattından dolanmak yahut Sütlüce - Kasımpaşa üzerinden Tünel'e çıkmaktı. Her ikisi de Harbiye üzerinden Nişantaşında son buluyordu. Bağdat Caddesi dâhil daha birçok güzergâhı vardı. Ama en büyük hayalini daha gerçekleştirememişti. Sarıyer'den Beşiktaş'a yürümek! Ailesi ve dostlarının gidecekleri yere yürümektense vasıtayla gitmeyi tercih etmeleri buna bir türlü izin vermemişti. Yaşı otuz beşi çoktan geçtiği halde bu hayalini gerçekleştirme hevesi azalacağına bilakis artmıştı.

Bir gün öğle yemeğinde bu sevdasından Orhan'a bahsetti ve sonunda sözü Sarıyer Beşiktaş parkurunu yürüyerek bitirme hayaline getirdi, arkadaşı onu ilgiyle dinledi.

-Ağabey, biliyorsun lojmanda kalıyorum, beş dakikalık yol. Memleketteyken gezer, dolaşırdık. Burada evden işe, işten eve! Şu yürüyüşü beraber yapmamız mümkün mü?

Teklifi beklemiyordu, şaşırdı ama sevindi de! Hep bu yol tek başına nasıl biter diye düşünürdü. Yürüyüşün o güne kadar yapılamamasının nedenlerinden biri de buydu.

-Tabii, neden olmasın! Zaten o yol yalnız çekilmez.

Orhan heyecanlandı:

-Ağabey! Ne zaman gidiyoruz?

-Sıcaklar bastırmadan! Malum Perşembe günü Haziran başlıyor.

-Önümüzdeki Pazar iyi mi?

-İyi, sabahleyin Beşiktaş otobüs durağında buluşalım, erkenden!

-Yedi, yedi buçuk?

-Yok, o kadar da değil, sekiz buçuk iyidir. Pazar günü o saatte fazla trafik olmaz. Sarıyer'de bir börek sefası yaparız, sonra ver elini Beşiktaş!

Orhan keyifle güldü.

-Oldu ağabey, Pazar sekiz buçukta!

Kararlaştırdıkları saatte durakta buluştular. Otobüs fazla bekletmedi, tahmin edilenden daha çabuk Sarıyer'e vardılar. Börekçide kendilerine mütevazı bir ziyafet çekip orduevinin önünden Beşiktaş'a doğru yola koyuldular.

İki arkadaş bazen balık tutanları, bazen önlerinden gelip geçen tekneleri seyrede seyrede, yürüyorlardı. Başlangıçta zamanın nasıl geçtiğini anlamadılar. Yeniköy'ü arkalarında bırakıp İstinye'ye vardıklarında sahile yakın güzel bir çay bahçesinde mola verip oturdular.

-Emirgan'a vardık mı yolu yarıladık sayılır. Şu koyu dönünce Tokmakburnu, az ileride de Çınaraltı kahvesi.

-Şu meşhur Çınaraltı mı?

-Evet, Ne dersin? Oraya varınca bir de semaver çayı içer miyiz?

-Çok iyi olur.

Birer maden suyu içip tekrar yola koyuldular.

Emirgan'a vardıkların yorulmuşlardı. Çınaraltı çay bahçesinin açılır kapanır eski tip sandalyelerine oturunca derin bir oh çektiler. Bir süre konuşmadan çayın semaverde demlenişini izleyerek beklediler. Sonra keyifle bir güzel içtiler.

-Hadi Orhan davran!

-Ağabey, yoruldum valla!

-Daha yarı yoldayız! Yol yürümekle biter!

Orhan'ın açık pembe teni Sarıyer'den Emirgan'a gelene kadar koyu kırmızıya dönüşmüştü. Başında şapka da yok, hafifçe seyrelmiş sarı kıvırcık saçlarının arasındaki ter damlacıkları uzaktan bile fark ediliyordu.

-Şu çeşmede elimi yüzümü yıkayacağım.

-Yıka tabii, yanına şapka da almamışsın, öğle vakti hava ısındı.

İkisi de başlarını çeşmenin altına sokup biraz olsun serinlediler ve tekrar yola koyuldular. Baltalimanı, Aşiyan, Bebek birer birer geçilip Arnavutköy'e gelindi. O zamanlar sahil yolu daha yapılmamıştı, sağlı sollu dar kaldırımlardan zorlukla yürünüyordu. Eski vapur iskelesinin hemen köşesinde köhne bir kıraathane vardı. İki arkadaş burayı geçip beş on metre ilerlemişlerdi ki eski model kocaman bir taksi kaldırıma değercesine sokuldu ve çelik nikelajlı tamponu alçak kaldırımı aşıp yandan hafifçe Sedat'ın baldırına çarptı. O da boş bulunup öne savruldu ve fazladan bir iki adım attı. Ne olduğunu anlamak için geri dönünce baktı ki şoför hiç oralı değil, manevrasını tamamlamaya çalışıyor, birden sinirlendi.

-Ayağıma çarptın yahu!

Adam yüzüne bile bakmadı,

-Ulan ayağıma çarptın, umurun değil!

Şoför sanki "bekle biraz" der gibi bir hareket yaptı ve eski model arabayı geri vitese takıp geldiği yöne doğru gitmeye başladı. İki arkadaş hiçbir şey olmamış gibi yollarına devam ettiler, olayı unutmuşlardı bile! Fakat az sonra arkalarından bağırışlar çağırışlar duyunca geriye dönüp baktılar. En az kırk elli kişinin ellerini kollarını sallaya sallaya onlara doğru bağırdıklarını gördüler ama buna bir anlam veremediler. Orhan acaba başka birilerine mi bağırıyorlar diye gittikleri yöne doğru baktı. Dikkatle dinleyince:

-Yahu bunlar bize küfür ediyorlar!

-Biz bunlara ne yaptık?

-Ne yapacağız, hiçbir şey! Sanırım deminki şoför tayfasını toplamış, tek başına söyleyemediğini orkestrasına söyletiyor.

Ama kalabalık onu da ürkütmüştü. Orhan'a:

-Boş ver! Kem söz sahibine aittir, biz yürüyüşümüze bakalım, dedi.

Orhan başıyla onayladı, yollarına devam ettiler. Biraz yürümüşlerdi ki karşıdan motosikletli bir polis göründü ve gelip tam önlerinde durdu. Şaşırmış görünüyordu.

-Beyler, ne oluyor burada? Bu insanlar niye bağırıp çağırıyorlar?

Tekrar geriye baktı.

-Bu adamlar deli mi? Hala bağırıyorlar be!

Sonra polise:

-Az önce tatsız bir olay oldu, onun için bağırıyorlar.

-Nasıl yani?

-Kaldırımda yürürken o kadar sokuldu ki arabasının tamponuyla arkadan baldırıma vurdu. Ben de tepki gösterdim, dikkat etsene diye azarladım. Sen misin söyleyen, bütün avenesini toplamış, arkamızdan küfür ediyorlar, aldırmadık, yolumuza devam ediyoruz.

-Siz benimle gelin, dertleri neymiş anlayalım.

Sonra motorunu geldikleri yere doğru sürdü. İki arkadaş biraz tereddüt ettiler. Fakat polisin motorundan inip adamların yanına gittiğini görünce geri döndüler. Şoför kalabalığın arasından olayı anlatacakmış gibi memura sokuldu, sonra ansızın sessizce durumu izlemekte olan mimarın kaşına, parmağındaki şövalye yüzükle şiddetli bir yumruk attı. Adamın kaşı açılıp kanamaya başladı. Hareket o kadar beklenmedik ve aniydi ki polis memuru da şaşırdı. Orhan cebinden mendilini çıkarmış arkadaşıyla ilgilenirken, kalabalığın sanki kavgayı ayırıyormuş gibi yapıp, adamı kaçırmak için geriye aldıklarını hayretle gördü. Aynı tespiti motosikletli polis de yapmış olmalı ki, ileri çıkıp şoförü kolundan yakaladı ve hemen az ilerdeki karakola doğru götürdü. Bu arada onlara kibarca "Siz de gelin." Dedi. Orhan'ın yarasına bastırdığı mendili eliyle tutarak karakoldan içeri girdiğinde hem parkuru bitiremediği için hem de başına gelenlerden dolayı canı iyice sıkılmıştı. Kendi kendine "Sonunda işgüzar memur sayesinde hem dayak yedik, hem karakolluk olduk!" Diye söylendi.

Doğruca amirin huzuruna çıkıldı.

-Ne oldu?

Olayı özetlemeye çalışırken, amir durumu kavradı, tam "Buyurun, oturun!" Diye yer gösteriyordu ki kapı birden açıldı, malum güruhtan yirmi, yirmi beş kişi içeriye daldı. Hepsi birden bağrışmaya başladılar."Amirim, şikâyetçiyiz, bunlar bize küfretti!" İki arkadaş bakıştılar, genç mimar başını sallayarak "Güler misin ağlar mısın!"Dedi. Sonra gözleri motorlu polisi aradı. Kendi kendine "Eğer motoruna atlayıp gittiyse bu kadar şahitle hem mağdur hem de suçlu olduk!" Fakat memurun kalabalığın arasından eliyle kendine yol açarak amirin önüne gelmesi uzun sürmedi. Selam verip birşeyler anlattıktan sonra onlara:

-Benim kimlik numaram bu, eğer adliyeye intikal ettirirsen gelir, şahitlik yaparım. Şu an göreve gitmem lazım, zaten amire de gerekli bilgiyi verdim. Dedi.

Olayın tanığı polis memuru alçak sesle konuştuğu için, durumdan habersiz kalabalık hala kapı önünde bağırıp çağırmaya devam ediyordu:

-Şikâyetçiyiz!

-Şahidiz!

-Bu adamlar bize küfür etti!

Başlarda sakin olan amirin bu defa kaşları çatıldı. Birden yerinden kalktı.

-Kimmiş şahit? Kimmiş şikâyetçi? İftira atmanın, yalancı şahitliğin cezasını biliyor musunuz siz? Şimdi hepinizi savcılığa sevkederim.

Birkaç saniye içinde adeta kaçarcasına kendilerini kapının dışına dar attılar. İçeride iki arkadaş, bir de saldırgan şoför kaldı. Sedat:

-Amirim, beni adli tıbba sevkedin. Dedi.

-Sen şimdi rapor alırsan, bugün Pazar, bunu içeri alırlar!

-O zaman ben hastaneye gidip kaşıma dikiş attırayım. Yarın işe gideceğim.

-Tamam! Ama sonra buraya gelin.

İki arkadaş karakoldan çıkıp taksi çevirdiler. Acil serviste yaraya dikiş atıldı. Karakola döndüklerinde şoförün yanında orta yaşlı bir adam, kadın ve iki çocuk vardı. Gelenleri görünce hepsi birden ayağa kalktılar. Hayrettir, o saldırgan şoför gitmiş, sanki yerine munis bir çocuk gelmişti. Başı önde, mahcup, kendi halinde bir insan! Yanındaki yaklaşıp başıyla selam verdi:

-Ben bu çevredeki ilköğretim okulunda öğretmenim. Bu da benim kardeşim. Olayı öğrenince gördüğünüz gibi ailemi alıp geldim. Ne diyeceğimi bilemiyorum. Çok üzüldüm. Onun adına sizden özür dilerim.

Adamın üzüldüğü yüzünden belliydi.

-Bu terbiyesizliği nasıl yaptı, ben de anlayamadım. Şimdi yanınıza gelip elinizi öpsün, lütfen affedin.

Ara vermeden devam etti:

-Lütfen! Şikâyet ederseniz belli ki başı belaya girecek. Annem tansiyon hastası, ona söyleyemedik.

Genç mimar derin bir göğüs geçirdi. Sonuçta o da bu ülkenin insanıydı. Hiçbir şey demeden "Hadi bakalım" anlamında eline şöyle bir salladı. Öğretmen bunun anlamını hemen kavradı, geriye dönüp kardeşine eliyle "gel" işareti yaptı. Genç şoför yerinden ok gibi fırlayıp Sedat'ın sağ eline yapıştı, önce dudaklarına, sonra alnına götürüp:

-Abi, bir cahillik ettim, sen büyüğümsün affet!

-Boş ver, olan oldu, madem sen hatanı anladın."
Orhan:

-Taksiye, hastaneye o kadar para verdik!

Öğretmen elini arka cebine atıp cüzdanını çıkarmaya hamle etti.

-Hemen, ne tuttuysa şimdi öderim.

-Hayır! Konu para değil. Şimdi gidip amire bilgi verelim.

Sonra Orhan'a döndü:

-Orhancığım, sen durumu özetlersin artık, yoruldum hem başım da kazan gibi.

Genç mimar durumu kısaca anlatınca amir "Güzel!" Dedi. "Ama karşılıklı şikâyetçi olmadığınıza dair bir tutanak yapalım, olay kapansın!" İki arkadaş, amir ve öğretmenle el sıkışıp karakoldan çıktılar. Orhan:

-Ne güzel buraya kadar gelmiştik, artık bu stresle yürüyüş yapılmaz.

Bir taksi çevirip bindiler. Yolda Orhan biraz şaşkın, biraz öfkeli:

-Valla güzel güzel yürüyorduk. Bu herifler nereden çıktı?

Önünden akıp giden yola dalgın bakarken:

-Çok da az bi yolumuz kalmıştı. Dedi.

Şimdi Moda

Zili çalınca arkadaşı sanki kapının arkasındaymış gibi hemen açtı.

-Delikten devamlı dışarıyı mı gözlüyorsun?

-Ayak sesinden tanıdım.

-Günaydın!

-Günaydın! Geç içeri.

-Derse gelmedin?

-Sorma, odalar dolu. Bizimki iki tane getirmiş, biri de evli.

-Yok yahu!

Yaşar gözlerinin parladığını görünce:

-Hiç heveslenme! Sen çayı demle, keyfine bak! Birazdan hep beraber çıkıp öğleden sonraki derslere gideriz.

Daha sözünü bitirmeden odasına geçmişti bile! Çaresiz mutfağa yönelip çay suyunu ocağa koydu. Okul arkadaşları Anadolu'nun uzak kasabalarından gelip bu evi tutmuşlardı. Yenikapı'da sahile yakın, düzayak, küçük ama kullanışlı bir ev, tam bekâra göre! Yaşar sınıf arkadaşıydı. Diğeri hukuk okuyordu.

Birden yandaki odanın kapısı açıldı, Ayhan yanında otuz otuzbeş yaşlarında, güzel, alımlı bir kadınla dışarı çıktı.

-Aa, sen burada mıydın?

Göz göze geldiler. Kadın cilveli, kırıtarak:

-Merhaba!

-Merhaba!

Ayhan hemen atıldı!

-Tanıştırayım.

Genç kadına:

-Bak çay demlenmiş. Acelen yoksa birer bardak içelim, öyle çıkarsın.

-Olabilir. Benimki sekizden evvel gelmez. İş, iş, iş!

Genç adam çayları masanın üzerine bırakırken Ayhan:

-Ben tuvalete gidiyorum.

Bir süre öylece oturdular. Sessizliği ilk o bozdu.

-Demek evlisiniz!

Kadın imayı anlamıştı ama hiç oralı olmadı. Umursamaz bir şekilde sandalyesinden biraz aşağı kaykılıp bacak bacak üstüne attı. Ayağındaki yüksek topuklu sandaletler zaten yeterince içini gıcıklarken şimdi bir de çıplak baldırlarını sunması kafasını iyice karıştırdı. Ama kadın bu kadarla da kalmadı. Gözlerinde alaycı bir bakış,

-Hayatım, şimdi moda!

Ne cevap vereceğini düşünürken Ayhan içeri girdi.

****

Ilık bir mayıs gecesi, babası akşam yemeğinden sonra sekizinci kattaki evlerinin balkonunda oturmuş, dalgın bakışlarla Boğaz'ın ışıklarını seyrediyordu. Kır seyrek saçlı adamın bir elinde az önce eşinin getirdiği kahve, öbür elinde henüz yaktığı sigarası vardı. Geniş ağızlı, fincada getirilen bol köpüklü kahveden bir yudum alıp belli belirsiz "oh!" sonra da sigarasından derince bir nefes çekti. Oğlu babasının bu haline gülümsedi. Sonra balkona çıkıp masanın öbür yanındaki sandalyeye oturdu:

-Bugün dersten sonra Yaşar'a gittim.

Diye başlayıp olanları anlattı.

-Ben onun kocasının yerinde olsam yapacağımı bilirdim!

-Sen sakın onun yerinde olma oğlum!

Kahvesinden bir yudum daha alıp elindeki sigarayı kül tablasına bıraktı. Sonra balkon lambasını işaret ederek,

-Şunu kapatsana, boşuna yanıyor.

Delikanlı elektrik düğmesine basarken,

-Nasıl yani? Diye sordu.

-Hani şu bayırı inip ana caddeye giden yolunu takip ediyoruz ya, orada iki katlı eski bi konak vardı, hatırlar mısın?

-...

-Büyük ahşap kapısı önünde mermer bir eşik, hemen altında birkaç metre kare bir sahanlık ve her iki yanından yola inen mermer basamaklar. Yarı kâgir, eski ama güzel bir evdi.

-Hatırladım, ilkokula giderken hep önünden geçerdik.

Oğlunu duymamış gibi devam etti.

-O zamanlar evde eski bir arkadaşım otururdu, iki küçük kızı, güzel de bir karısı vardı. Evlerine hiç gitmedim ama kadını tanırdım,

-Ee?

-Eesi, bir gün evden çıkmış gidiyorum. Tam konağa yaklaşmıştım ki bir de baktım kadın sahanlığın kenarındaki tırabzana tutunup hafifçe öne eğilmiş, göğüsleri falan her yanı açıkta, herifin biriyle fingirdiyor. Sahanlığın altındaki kapının hemen dibinde, kafasını da kaldırmış, sanki burnu kadının bir yerlerine değecek! O yol cadde, ama o saatlerde gelip geçen pek olmaz.

Hikâyenin burasında güler misin ağlar mısın kabilinden başını salladı. Delikanlı pür dikkat dinliyordu.

-Bir de konuşmaları var ki! Ne söylediklerini anlamak için yakınlarına gitmeye gerek yok, hemen yan sokağın köşesine sindim. Belli ki adam bu eve çok girmiş çıkmış, o gün de girmek istiyor ama sanırım kadın müsait değil. Semt tenha dediysek o kadar da değil. Karşıda evler var, bir gören olur. Aşkın gözü kör hesabı ikisinin de dünya umurunda değil!

Sonra alaycı alaycı gülümsedi.

-Bugün o kadının sana söylediği gibi bizim arkadaşın karısı ta o zamanlar modaya uymuş anlaşılan!

-Peki, sonra ne oldu?

-Ne olacak, o kadar kızdım ki kadın içeri girince herifin peşine takıldım, birkaç yüz metre ilerde koluna yapıştım. "Dur bi dakka" dedim. "deminki durumunuzu gördüm. Kocası çok yakın arkadaşımdır. İki de çocukları var, sen utanmıyor

musun elin evli kadınlarına..." Öfkeden sözümü
bitiremedim. Hani herifin gırtlağına çöktüm
çökecem.

-Çarpsaydın iki tane!

Annesi balkona çıktı.

-Karşıları hiç bu kadar ışıl ışıl görmemiştim. İyi
ki bu evi tutmuşuz!

Elindeki tabağı masaya bırakırken:

-Size meyve getirdim. Dedi.

Sonra yeniden mutfağa döndü. Kısa bir süre
bekledi. Sonra kaldığı yerden devam etti.

-Fakat çabuk toparladı, serinkanlı ve kendinden
emin, yüzüme söyle bir bakıp,

"Tamam, anladım arkadaşının karısı, bak bu da
benim evin anahtarı" Cebinden bir anahtar
çıkardı."Şu an karım evde yalnız, kabul ederse
birlikte olabilirsin. Ama unutma! Ancak kabul
ederse!"

-Doğrusu bunu hiç beklemiyordum. Öyle
afalladım ki ne diyeceğimi bilemedim. Hiçbir şey
söylemeden kaçar gibi uzaklaştım.

Baba oğul bir süre konuşmadan öylece sessiz kaldılar. Adam az önce yaptığı gibi Üsküdar'ın ışıklarını seyretmeye devam etti. Anne tekrar balkona çıktı. Masanın yanına gelip,

-Ama siz hiçbir şey yememişsiniz! Dedi.

Tok Adam

Bilardo salonuna girince arkadaşlarını gördü. Büyükçe bir masanın etrafında oturmuşlar, kendi aralarında konuşup gülüşüyorlardı. Yanlarındaki boş bir sandalyeye çökerken "Herkese merhaba!" dedi. Müteahhit Mehmet,

-Biz Boğaz'a yemeğe gidiyoruz, gelsene.

-Bilseydim yemek yemezdim. Karnım tok, siz gidin.

Balcı lafa karıştı

-Bir açım diyenden kork, bir de tokum diyenden!

"zaten lafını bilmez" diye düşündü.

Mehmet ısrar etti:

-Boş ver gel! Sen de iki lokma meze yersin.

-Yahu iyi de, tıka basa yemek yedim.

Balcı işin gırgırında:

-Daha iyi ya, bize yemek yiyecek değil, hesaba iştirak edecek adam lazım!

-Yok, yok ben gelmeyeyim. Herifteki göbeğe bak! Şimdi bu her şeyi silip süpürür!

Ama fazla dayanamadı, kolundan tutup kaldırdılar. Yavaşça "yemek yemem, para mara vermem valla" dediyse de duyan olmadı ya da duymak istemediler. O yıllarda Mehmet, ağabeyiyle Kadıköy'de eski bir evin inşaatını almış, apartman yapmakla meşgul. Balcı ise ihale kazanmış devlete nakliyecilik yapıyor. Bizimki daha askerliğini yapıp hayata atılmadı. Allahtan ailesinin durumu fena değil.

Balcının Mercedes'i kısa bir süre sonra Boğaz'daki lüks restoranın önünde durdu. İri yarı kâhya arabayı görünce hemen yerinden fırladı, şoför kapısını açıp "Siz içeri buyurun, ben hallederim" deyip direksiyona kuruldu. Yaşları yirmi beş otuz arası, düzgün giyimli gençler birer iş adamı edasıyla içeri girdiler. Garsonlar koşuşturup masa beğendirmeye çalışırken Mehmet:

-Şuraya oturalım, altı kişi ancak sığarız, hem deniz manzaralı.

Mehmet, Balcı ve Sait eski arkadaşlarıydı, ancak diğer iki kişiyi bilardo salonundan tanıyordu, ama pek samimiyeti yoktu.

Yerlerine henüz oturmuşlardı ki, garsonlar ve komiler tepsiler dolusu mezelerle tepelerine dikildiler. Adamlara duyurmadan yanındaki Balcı'ya fısıldadı.

-Şunlara bak, durun da bir nefes alalım be!

Herkes gelen mezelerden zevkine göre ikişer üçer seçti. Buz kovasındaki büyük rakı sofranın ortalık yerine bırakıldı. Masanın üzeri birkaç dakika içinde tıka basa doldu. Beş genç adam akşamın bu saatinde bütün gün bir şey yememişler gibi, kiminin elinde bıçak kiminin çatal, mezelere hücum ettiler. Ancak bunu yaparken doğrusu incelikten de hiç taviz vermiyorlardı. Bir sürü yiyeceği bir iki dakika içinde önlerindeki yemekaltı tabağına aktardılar. Kalan boş tabaklar da devamlı sofrayı gözleyen garsonlar tarafından bir çırpıda masadan uzaklaştırılıp yeni siparişlere yer açıldı.

Bu yağmada ancak bir tane iri ceviz büyüklüğünde midye tava, gene bir parça paçanga böreğini ve bir kaşık pilakiyi tabağına alabildi. Kendi kendine "Ne halt ettim de bu güzelim sofraya böyle tıka basa yemek yiyip geldim!" Diye hayıflandı.

Balcı bir yandan etrafa şakalar yapıyor, bir yandan da ağzına doldurduğu yemekleri bir o tarafa bir bu tarafa çevire çevire hızla yutmaya çalışıyordu. Diğerleri onun kadar olmasa bile kendi çaplarında bayağı gayretliydiler! Bir ara Mehmet'le göz göze geldi:

-Yesene yahu!

-Söyledik sana değil mi?

-Boş ver, sen öncekileri çoktan götürmüşündür!

Balcı lafa karıştı,

-Hadi şerefe!

Kadehler kalktı, sonra tokuşturulup dudaklara götürüldü. Sofra bu minval üzerinden devam ede dursun, garson bir büyük rakı daha getirdi. Şef garson ana yemekleri sıralamaya başladı. Sofra arkadaşları sanki sözbirliği etmiş gibi birer buçuk karışık ızgara söylediler. Onlar sohbete devam edip kadehlerini tokuştururken ızgaralar önlerine kondu. Ama ne ızgara! " Bu kadar güzelini evde bile yiyemem, acaba ben de söylese miydim, bunlar şimdi bana yemediğim şeylerin parasını da ödetmeye kalkarlar! Tabakta adeta yok yok! Pirzola mı istersin, şiş mi, yoksa ciğer veya köfte mi? Mübarekler hepsi birden koca tabağın içinde" Sait:

-Etler adeta ağızda dağılıyor. Sen niye yemiyorsun yahu?

-Sorma! Ben evde yedim de geldim.

-!

"Ulan! Şimdi oturup yesem siz beni hesaba dâhil edersiniz!" Bu cümleyi söyleyemedi. Yediği topu topu üç küçük parça meze dâhil, tabaklardaki yemekler, kadehlerdeki içkiler bitmişti. Garsonlar masayı henüz toplamışlardı ki şef garson iki komi refakatinde, üzeri alev alev yanan içi ayıklanmış ve süslenmiş çeşitli meyvelerle dolu kocaman tabakla tepelerinde bitiverdi. Manzara, ona "Satirikon" isimli kitapta anlatılan eski Roma sefahat âlemlerini hatırlattı.

Zaman zaman Mehmet'le Park Otel ve benzeri yerlerde akşam yemeği yerlerdi, ama o mekânlar böyle değildi. Zarif, loş, sessiz, dingin yerlerdi. Yemeğin servis arabasıyla sofraya getirilip müşterinin gözü önünde servis edildiği ve hafif bir musikinin eşliğinde yendiği seçkin mekânlardı. Geldiğine geleceğine pişman, "vay be! İş gitgide padişah sofrasına döndü, bakalım canımı nasıl kurtaracağım!" Fakat çocukluğundan beri meyveyi severdi. Bu son gelenlere hayır demedi. Biraz ondan biraz bundan epeyce atıştırdı.

Sonunda apoletli ve heybetli şefin, elinde hesap pusulası hızlı adımlarla onlara doğru geldiğini görünce doğrusu yüreği hop etti! Adam içlerindeki en kalantor olanı daha önceden biliyor olmalı ki, doğrudan Balcıya yöneldi. "Bizim patron Mehmet'i bile pas geçti, işini biliyor." Balcının cebinden çıkardığı cüzdan bir hayli şişkin görünüyordu. Şefin, garsonların, hatta komilerin temennalarına bakılırsa hesap ve bahşişler de epey kabarık olmalıydı.

Dışarı çıktıklarında, denizden gelen rüzgârın serinliğini yüzünde hissetti. Balcı son bahşişi kâhyaya verip Mersedesin direksiyona kurulunca, o da arkaya Sait'in yanına oturdu. "Hayırlısıyla bir bilardo salonuna varsak!" Restoranda kimseye hesap vermeden paraları ödeyip, keyfince bahşişler dağıtarak yüksek takdir toplayan arkadaşı, arabasının yönünü İstanbul'a doğru çevirince ödediği paraları geri istemekte gecikmedi!"İşte şu kadar para ödedim, adam başı şu düşüyor." Yani pamuk eller cebe! Balcının o günlerde en iyi arkadaşı Müteahhit Mehmet dâhil herkes araban inmeden hesaptan payına düşen parayı ödedi. Tabii biri hariç! Bu arada Balcının dikiz aynasından sık sık arkaya doğru bir bakışı var ki, görmemek imkânsızdı. Bilardo salonuna vardıklarında diğerleri müsaade isteyip ayrıldı. Üç arkadaş bir masaya oturup kahve ısmarladılar. Biraz sohbet edilip kahveler içildi. Tam "bunlar benim hesabı aralarında pay ettiler galiba, kurtuldum mu ne?" Diye düşünmeye başlamıştı ki, Balcı:

-Şu bizim elli lirayı ver artık dedi.

-Ne elli lirası, size karnım tok dedim zorla götürdünüz be!

Balcı'nın yüzü değişti! Her zamanki alaycı tebessümü gitmiş, kırmızı tombul yanakları öfkeden iyice şişmiş, gözleri sanki dışarı fırlayacak! Ama aldırmadan konuşmaya devam etti.

-Hepsi hepsi iki lokma meze yiyip iki kadeh içki içtik be!

-Ben anlamam, paramı isterim! Gelmeseydin!

İçinden "Ulan herife bak, sinirinden ne hale geldi. Ağzından tükürükler saçıyor. İster misin, şimdi silahını çekip eller yukarı desin?"

Mehmet'le samimiydiler. Birbirlerinin evlerine teklifsiz gelir giderlerdi. Konunun tatsızlaşmaya başladığını sezdi. "Ben ödeyeyim, sen sonra bana verirsin." Parayı alınca Balcı'nın yüzü tekrar eski güleç halini aldı.

Bir süre, Balcı ve patron Mehmet, ne zaman bir araya gelseler, kahkahalar eşliğinde sağ ellerinin başparmaklarını işaret parmaklarına dayayıp "Şu kadar meze yedim, verdiğim paraya bak!" deyip taklidini yaptılar. Ona da "Ya sabır! Demek kaldı."

Tramvayda Bozulan Nişan

Bir Pazar günü giyinmiş, hazırlanmış, yüreği kıpır kıpır, az sonra gelecek olan nişanlısını bekliyordu. Damat adayı çakı gibi bir askerdi ve ikinci evliliğine hazırlanıyordu. Az sonra selamlık kapısının zili çalındı. Binbaşı girişin hemen sağındaki misafir odasına alınıp kendisine kahve ikram edildi.

Genç kız Çapa Öğretmen okulunun ilk mezunlarındandı. On yedi yaşında annesini yanına alıp gittiği Tekirdağ'ın Mürefte ilçesinde mesleğinin üç yıl süren meşakkatli ilk adımlarını bitirip kısa bir süre önce İstanbul'da göreve başlamıştı. Genç yaşına rağmen maaşı oldukça iyiydi, fakat ikinci dünya savaşı acı yüzünü göstermişti, yokluk ve fakirlik vardı. Her şey ancak karneyle alınabiliyordu. Az önce zabite ikram edilen kahve ve içine katılan şeker, bırakın Anadolu'yu, İstanbul'da bile elde edilmesi zor keyiflerdendi. Ancak onların fazla bir geçim sıkıntıları yoktu. Altı kişilik hanede ikisi bürokrat, ikisi öğretmen dört kişi çalışıyordu. Oturdukları ev de kendilerinindi.

Nişanlı çift ve valide hanım az sona kapıdan çıkıp Akaretler'den tramvay caddesine doğru yürüdüler. Nişanlısının genç öğretmene sözü var,

Bebek gazinosuna gidilecek. Binbaşının daha önceden gidip gitmediği bilinmez, ancak ana kızın kendi aralarındaki konuşmalarından ilk kez gittikleri belli.

On beş dakikada Beşiktaş'a vardılar. Caddeden karşıya geçerek durakta beklemeğe koyuldular. Henüz birkaç dakika geçmişti ki Dolmabahçe sarayının heybetli duvarlarının bitişiğindeki devasa çınar ağaçlarının sıralandığı sessiz ve tenha yolda iki vagondan oluşan 22 numaralı Bebek-Eminönü tramvayı uzaktan göründü. Gelişi de çok fiyakalıydı! Vatman tarihi Camlı Köşkün önündeki virajı döner dönmez önce kuvvetli bir çan çaldı, sonra güç kolunu nihayetine kadar açıp tramvaya hız verdi, ama kısa bir süre sonra kolu tekrar kapatıp bir eliyle de alttaki çarkı hızlı hızlı çevirerek araca fren yaptırdı.

Tramvay yavaşlayıp önlerinde durdu. Vatman demir parmaklıklı kapıyı açtı. Tam binmeye hazırlandıkları sırada binbaşı genç öğretmenle annesine:

-Siz arka vagona geçin, ben öne bineyim, resmi elbiseyle arkaya binmem doğru olmaz!

Ana kız neye uğradıklarını şaşırdılar. Fakat gene de sessizce arkadaki vagona geçtiler. Tramvay hareket etti, binbaşı öndeki vagonda, nişanlısı ve müstakbel kayınvalidesi arkada yola koyuldular.

Bu iki vagonluk araçlardan öndekinin oturacak yerleri maroken, arkadakinin ise tahtadandı. Bu yüzden öndeki vagona birinci mevki arkadaki vagona da ikinci mevki denirdi ve bu ikisi arasında iki buçuk kuruş gibi bir fiyat farkı vardı. Gelgelelim o yıllarda binbaşıdan fazla maaş alan genç öğretmen ikinci mevkide hiç yolculuk yapmamıştı. Anne bütün yol boyunca "aman kızım, yapma etme" diye nasihat etti. "Sabırlı ol, o da genç bir adam, zamanla öğrenir. Arayı bozma!" Dedi.

Tramvay Bebeğe gelince durdu. Yolcular birer ikişer inmeye başladılar. Nişanlı daha önce inmiş, onları bekliyordu. Biraz sonra anne önde kız arkada ikinci mevkiden indiler. Binbaşı genç kızın çatılmış kaşlarını ve öfkeden titreyen dudaklarını görünce işin farkına vardı ama sessiz kalmayı tercih etti.

Az sonra gazinoya girip yerlerine oturdular. Masada sinek uçsa sesi duyulacak. Ne oldu? Kim sahneye çıktı? Ne söyledi? Anne tedirgin, damat adayı pişman ve üzgün, genç kız bir şey söylemiyor ama suratını çevirmiş, adamın yüzüne bile bakmıyor. Neyse ki sonunda program bitti, hep beraber kalktılar. Genç zabit durumu kurtarmak için gazinonun önünde duran taksilerden birini çevirip nişanlısını ve annesini tek katlı, yarı ahşap evlerinin kapısına kadar götürdü.

Bir hafta boyunca evdeki büyükler çok dil döktüler. Ancak genç kız kararını vermişti, birkaç gün sonra nişanı atıp yolları ayırdı.

Yanılmak

Çalıştığı yayınevinin girişinde karşılaştılar. Yanında birkaç bayan arkadaşı vardı. Kapıyı açıp yol verdiğinde göz göze gelip tebessüm ettiler. Tercüme bürosunda yönetici olarak çalışıyordu. Görevleri gereği devamlı işbirliği halindeydiler. Bu gelgitler ve sık görüşmeler birbirlerini tanımalarına, hatta samimi olmalarına vesile oldu.

İzmir şubesindeki mütercim hanım İstanbul'a, Arzu'nun bölümüne atanmıştı. Rastlantıya bakın ki dayısı ailesini tanıyordu, bir gün önce telefon etmiş, kadınla ilgilenmesini rica etmişti. O da öyle yaptı. Akşam bayanı Tünel'de sanatçı, yazar, ressam takımının buluştuğu bir restorana götürdü. Yemekte sohbet etmeye başladılar. Daha doğrusu genç kadın anlatıyor, o dinliyordu. Eşinden yeni boşanmış, son derece gergin, sigaranın biri sönüp öbürü yanıyor, sakinleştirici aldığından içki filan içmiyordu. Oturuşu da bir âlemdi hani! Poposunu yan devirip bir ayak ayak üzerine atması vardı ki! Bayağı tedirgin olmuştu. Dikizleyen var mı diye sık sık etrafı kolaçan ediyor, bir yandan da "Ukala ama hiç fena değil, beyaz tenli ve balıketinde!" Diye düşünüyordu.

-Eviniz nerede?

-Pendik!

"Nee! Sabaha karşı eve varırsam iyidir." Sağa dön, sola dön, sonunda gecekonduya benzer eski bir evin önünde durdular.

-İşte burası, bir kahve almaz mıydın?

"Doğrusu bunu beklemiyordum. Gece sandığım kadar kötü bitmeyecek galiba" diye aklından geçiriyordu ki kapı açıldı ve daha içeri adımını atmadan göreceğini gördü! Bir sürü insan hararetli hararetli tartışıyorlardı. Anneanne, anne, baba, kız kardeş, bir de erkek kardeş! Ne olur olmaz diye kapıya yakın bir yere ilişti. Tartışmaya bayan çevirmen de katıldı. İki kız kardeş ve anne aralarında münakaşa etmeye başladılar. İşin tuhafı nedenini de, ne dediklerini de anlayamamıştı. Fakat kesinlikle onunla ilgili değildi. Canı iyice sıkıldı, "Ne işim var burada!" Kuru bir "hoşça kalın"dan sonra cevabı bile beklemeden, adeta sıvışır gibi kendini arabasına atıp evinin yolunu tuttu.

Ertesi gün öğlen tatilinde editör yardımcısı oğluna aldığı uzaktan kumandalı oyuncak arabayı gösterirken:

-Şunu ver de bir deneyeyim dedi.

Sonra olanlar oldu. Aniden kapı açıldı ve geceki kâbusu içeri girdi. Kapıya en yakın koltuğa oturup öfkeyle laflarını sıraladı.

-Şurada beş on dakika dinlenmeye geldik. Kafam şişti be!

Salonda buz gibi bir hava esti. Beklenmedik bu tepkiye şaşırdı ama sabrı da taştı, sakince:

-Hanımefendi, ben sizi idare edemem!

Bu söz ortalığa adeta bomba gibi düştü. Kısa süren sessizliğin ardından genç kadın cıyak cıyak bağırmaya başladı.

-Benim idare edilmeye ihtiyacım mı var! Benim idareye ihtiyacım mı var? Benim.. idareye!

Bir yandan aynı kelimeleri tekrarlayıp dururken bir yandan da ayağa kalkmış üzerine yürümeye hazırlanıyordu. Korktu! Bu kadar şiddetli tepki beklemiyordu doğrusu, o anda Arzu yerinden kalkıp kadının önünü kesti. Bir yandan onu sakinleştirmeye çalışırken bir yandan da genç adama; "Siz gidin, uzaklaşana kadar bırakmam!" Dedi. Arzu'nun gözlerinde daha önce sadece annesinin gözlerinde gördüğü çok farklı bir ışık keşfetti, şaşırdı. Fazla oyalanmadan adeta kaçar gibi oradan uzaklaştı. Sonrası malum, ayılıp bayılmalar!

Kadın bir iki ay içinde Ankara'ya gidince "Oh, kurtuldum!" Dedi. Ama o günden sonra Arzu hanımı hiç aklından çıkaramadı. Ona karşı yakınlık duymaya başladı. Fakat kadın evliydi. Bu durum genç yazarın canını sıkıyor, ne var ki duygularına engel olamıyordu. Sudan bahanelerle hep yanındaydı. Eğer hisleri onu yanıltmıyorsa genç kadın bu ilgiden rahatsız değildi. Hatta karşılık veriyor bile denebilirdi. Bu yüzden onun baygın ve çekici bakışlarına ilgisi her an artıyordu.

Bir gün eşiyle tanıştı, adam yaşlı ve yıpranmıştı. Kadınsa en fazla otuz beşinde! İş hayatında dedikodu eksik olmaz. Bunu bildiğinden yemekte bayanları çaktırmadan sorguluyordu.

Adam mühendismiş, Kanada'da bile çalışmış, ne var ki kumara ve içkiye düşkünlüğünden hatırı sayılır bir serveti heba etmiş, bu yüzden ilk eşi çocuğunu alıp kaçmış. Aslında göründüğü kadar yaşlı değilmiş ama mideden akciğere, safrakesesinden böbreklerine kadar her yeri arızalıymış. Buna rağmen iki paket sigara adamcağıza yetmiyormuş! Anlatılanlara göre nikâha kadar, hatta evlendikten sonraki ilk yıllarda bile kendini saklamasını bilmiş!

Her şeyi göze aldı. Arzu'yu yemeğe davet edecek, müziğin ve ortamın romantizmiyle kadına duygularını açacaktı. Fakat genç kadının evli olması işi bozuyordu. "Bu çevrede herkes onu tanıyor, istese de mümkünü yok gelemez!" Yıllardır düzensiz bir hayat yaşadığı, eve çoğu kez geç döndüğü, her seferinde kendisini pencerede bekleyen anasından iyi bir azar işittiği için sonunda işlerinin yoğunluğunu bahane edip çalıştığı şirkete yakın küçük bir daire tutmuş, "En azından otelden daha iyidir." Diye düşünmüştü.

Sonunda kendince bir çıkış buldu. Annesinin evi! Hem eşyaları, hem de görünüşüyle gayet uygundu. Bir de yemekleri ve servisi yapacak eleman bulursa bu iş olmuş sayılırdı. Gülümseyerek "Gerekirse annemle de tanıştırırım ama evli olduğunu katiyen söylemem! Plan kusursuz, geriye kalan zamanlama!"

Kısa bir süre sonra asansörün önünde genç kadına rastladı.

"Eh bundan iyisi olmaz, yalnız çabuk olmalıyım, hepsi hepsi altı kat!"

Karşılıklı tebessüm ettiler.

"Gene aynı baygın bakışlar!"

-Nasılsınız?

-Teşekkürler! Ya siz?

-İyi, bakın ne diyeceğim.

- ...

-Birlikte bir yemek yiyelim, ne dersiniz?

Arzu'nun dudaklarındaki ince tebessüm bir anda
dondu. Gözleri daldı.

-Biliyorum, dışarıda görünmek istemiyorsun.
Bizde olabilir. Hem huzurlu oluruz, hem güvenli.
Sorun olmaz!

Asansör durdu. Kapısı açıldı. Boş koridor önlerinde
uzanıyordu. Arzu ona doğru döndü. Artık gözleri de
dudakları da gülmüyordu. Tedirgin, hatta ürkmüş
gibiydi.

-Ben bunu yapamam. Yapamam!

Diye tekrar etti, sonra hızlıca koridorun hemen
başındaki odaya girip gözden kayboldu.

****

Aradan aylar geçti. Bir sonbahar günü
Karaköy'den balık satın aldı. Temizleyip bir güzel
pişirdi. Tam ilk lokmasını alacaktı ki kapı çalındı.
"Hay Allah!" Kalktı kapıyı açtı, komşu apartmanın
kapıcısı!

-Hayırdır?

-Sorma abi! Başımız dertte!

-Eee?

-Sizin adınızı vermese herifi vallahi
dövecektim!

-Daha neler! Kimi?

-Mühendismiş! Adı Cemal mi, Kemal mi ney? Eşi sizin iş arkadaşınızmış.

Bir an tereddüt etti.

-Arzu hanım dedi mi?

-Evet!

-Seni bu kadar kızdıracak ne yaptı?

-Zil zurna sarhoş! Girişteki dairede oturan kadının kapısına dayanmış, rahatsız ediyor. Kocası şoför, Allahtan şu an evde yok!

Adam nefes nefese anlatmaya devan etti.

-Kızına şirketinizde iş mi bulacakmış ne, ağzında bir şeyler geveleyip duruyor.

-Tamam, beş dakikaya kadar ordayım. Yalnız ben gelene kadar adama göz kulak ol, kimse ilişmesin.

-Tamam abi! Sen merak etme.

****

Adamın koluna girip kapıdan çıkardı, arabasını işaret ederek:

-Ağabey sen öne geç, yolu göster, dedi.

Araba birkaç sokak ileride durdu. "Ne kadar da yakın oturuyormuşuz, bu kadarını ummuyordum doğrusu!" Sol eliyle omzundaki sol kolunu yakalamış, sağ kolu ile de bedenini kavramış, kendinden bir hayli uzun adamı bin müşkülatla merdivenlerden çıkarırken sofrada bıraktığı ızgara balıkları düşündü. "Buz gibi olmuşlardır. Eh artık Arzu Hanım bu kadar zahmetten sonra misafirine bir şeyler ikram eder. En azından bir yorgunluk kahvesi!" Kapıya gelince durup zili çaldı, biraz geriye çekildi. Fakat kadın daha kapıyı açar açmaz, konuşmasına fırsat bile vermeden, açtı ağzını yumdu gözünü. Cemal bey hiç oralı değildi, hani nerdeyse ayakta uyuyor gibiydi.

-Size hiç yakıştıramadım, meyhane arkadaşlığınız yetmedi, bir de kapıya getiriyorsunuz. Biz rakıları lavaboya dökelim, siz dışarıda içirin!

Şaşkınlıkla kadına bakıp, "Vay be! Bu öfkeli hali de tıpatıp benziyor." Gerisin geri dönüp, bir hoşça kal bile demeden merdivenleri adeta kaçar gibi birer ikişer atlayıp sokak kapısından çıktı, sonra arkasına bile bakmadan oradan uzaklaştı.

Yaşlı Ve Asabi

Gecenin ilerlemiş saatinde evinlerinin önünde taksiden indiler. Şoför istifini bozmadan "Ben bagajı açtım, siz alın" dedi. Anlaşılan bunlardan para çıkmaz diye düşünmüştü. Baba ters ters baktı. Ama genç adamın zaten bahşiş mahşiş vermeye niyeti yoktu. "Canıma minnet!" Dedi. Eşyalarını bagajdan aldıktan sonra "Borcumuz ne kadar?" diye sordu.

Beş on adım ötedeki apartman kapısının önünde valizleri yere bıraktı, cebinden anahtarlarını çıkardı. Karanlıkta el yordamıyla kapıyı açtı. Valizler köydeki yaşlı annenin oğlu için hazırladığı erzakla dolu olduğundan epeyce ağırdı. Taşırken bayağı zorlanıyordu. "Babam bunu nasıl getirdi yahu!" Omuzuyla kapıyı itmeye çalıştı. "Herhalde otobüse koyarken hemşeriler, hısım akraba yardım etmiştir!" Diye düşündü. Oğul önde, baba arkada merdivenleri ağır ağır çıkmaya başladılar.

-Adama bak be! Kıçını bile kaldırmadı. Bir ara bahşiş vereceksin sandım!

-Boş ver baba!

-Gençliğimde olsaydı bilirdim ben yapacağımı!

Delikanlı tekrar etti:

117

-Boş ver baba. İstanbul büyük şehir, bir daha suratını nereden göreceğiz.

-Suratı batsın!

"Babamın huysuzluğu gene yerinde!"

-Hani bu bina asansörlüydü?

-Bir haftadır bozuk baba, yapılacağı da yok. Zırt pırt bozuluyor.

Sonunda kahverengi boyalı ahşap kapının önünde durdu. Valizleri yere bıraktı. Cebinden küçük bir el feneri çıkarıp anahtarların arasında seçimini yaparken baba söylendi:

-Oğlum nereden buldun burayı, ışıkları bile yanmıyor!

İçeri geçip koridorun ışığını yaktı. Babasının aksakallı yüzüne bakıp gülümsedi.

-Ama burası aydınlık baba! Hem bak sen de tıraş olmamışın, memlekette beni hep azarlardın!

-Gözüm mü görüyor?

Yaşlı adam oğlunun peşi sıra içeri girdi. Çevreyi şöyle bir kolaçan ettikten sonra:

-Ben nerede yatacağım?

-Nerede istersen baba,

Bir an duraladı.

-İstersen benim yatağımda yat.

-Fark etmez. Bütün gün yol aldık, yorgunum.

-Gelirken etrafı seyrettin mi?

Babası biraz hüzünlü biraz aksi:

-Nereyi seyredeceğim, gözlerim görüyor mu?

Genç adam şaşırdı:

-Bu da nereden çıktı?

-Yaşlandık oğul! Ne dizlerde derman kaldı, ne gözlerde fer!

Sonra derin bir soluk alıp,

-Buna da şükür, sabah ola hayrola. Hadi Allah rahatlık versin!

-Sana da baba, Allah rahatlık versin.

Ev yeniden az önceki dingin ve karanlık haline büründü.

***

Yaşlı adam kalktığında sofrayı hazır buldu. Kahvaltısını genellikle yolda, bazen de iş yerinde çay simit veya poğaça ile geçiştiren genç adam babasının hatırına bu defa mükellef bir sofra donatmıştı.

-Günaydın baba!

-Günaydın!

Beş on dakika sonra beraberce sofraya oturdular. Kahvaltı ederken eski güzel günlerden bahsettiler. Delikanlı bir ara babasının sık sık gözlerini ovuşturduğunu fark etti.

-Baba gözlerini niye devamlı ovuşturuyorsun?

-Göremiyorum ki!

Bunu söylerken yüzündeki hüzünlü ifade oğlunun gözünden kaçmadı.

-Akşam da söyledin. Bugün randevu alayım da seni doktora götürelim.

Yaşlı adam onaylar gibi başını salladı.

-Ben seni evde beklerim.

-Sıkılmaz mısın?

-Yok! Balkonda oturur, etrafı seyrederim.

Elini boş ver makamında şöyle bir salladı,

-Tabii seyredecek bir şey kaldıysa!

Sonra kendini teselli eder gibi,

-Hoş gözlerim de görmüyor ya!

Cevap vermedi ama içinden "babam yaşlandıkça bilgeleşiyor" diye düşündü.

İşi dolayısıyla randevu biraz geç saate alınmıştı. Bu yüzden fazla beklemediler. Sekreterin

"Buyurun, girebilirsiniz." Çağrısıyla hafif loş muayene odasına girdiler. Doktor orta yaşlı, zayıf, kısa boylu bir adamdı. Gözünde kalın siyah çerçeveli gözlük vardı. Saçları da kırlaşmıştı. Yerinden kalktı ve hiç vakit geçirmeden, sanki muayene edeceği kişinin kim olduğunu bilmiş gibi koltuğu işaret ederek "Şuraya oturun." dedi. Sonra yaşlı adamın yanına gelip gözüne değişik bir gözlük taktı ve kenarından yuvarlak bir cam geçirdi. Geri dönerek masanın üzerinden ince değneğini alıp karşı duvara monte edilmiş, üzerinde irili ufaklı harflerin bulunduğu beyaz panonun ışığını yaktı. Elindeki çubuğu rastgele seçtiği bir harfin üzerine koyarak "Şunu okur musunuz?" Dedi. Genç adamın gülesi geldi. "Allahtan babam okuma yazma biliyor." Sonra birden babasının okumayı onunla birlikte söktüğünü hatırlayıp duygulandı.

-Okuyamıyorum!

Doktor hiç aldırmadan sopasını biraz daha büyük bir harfin üzerine götürdü. Yaşlı adam tekrar etti,

-Göremiyorum.

Doktor bu defa harfin üzerine birkaç defa tıkladı. Bu haliyle televizyonda Pazar konserlerindeki bir orkestra şefini andırıyordu. Yaşlı adam gene,

-Okuyamıyorum.

Doktor bir yandan küçükten büyüğe harflerin, bir yandan da gözlük camlarının arasında gezerken yaşlı adam da "göremiyorum" la "okuyamıyorum" arasında gidip geliyordu. Sonunda doktor en üst satırdaki en büyük harften de sonuç alamayınca durdu. Elindeki aleti masanın üzerine bırakıp hastasına yaklaştı ve gözlerinin içine dikkatli dikkatli baktı. Sonra gözlüğün üzerindeki camları çıkarıp tekrar panonun yanına döndü.

-Amca, gördüğün harflerden okuyabildiğini oku!

İşte o anda şaşırtıcı bir şey oldu. Yaşlı adamın dili birden çözüldü:

-A, D, F, G, K, ikinci sıra... Üçüncü sıra... Şimdi görüyorum!

Doktor uzanıp panonun ışığını kapattı. Masasına oturup genç adama döndü:

-Maşallah! Babanızın gözlerinde bir şey yok.

Sonra hafiften kıskanmış gibi sırıtarak devam etti:

-Bizden iyi görüyor, camı takınca görüşü bozuldu!

Yazı Karşılamak

Mayıs ayının son günü kendine izin verdi, Erenköy'deki tarihi köşkün bahçesinde yazı karşılayacaktı. Fakat caddelerdeki dizi dizi arabaların, otobüslerin, yol ortasından vızır vızır geçen tramvayların, bunlar yetmezmiş gibi kaldırımlarda başköşeye kurulmuş arabaların arasından sıyrılıp, sağından solundan hızla geçen motorlardan canını kurtarmanın güçlüğünü düşündü! Sıra sıra dizilmiş simitçiler, kokoreççiler, börekçiler, lahmacuncular, "Abi, bana bir döner ekmek alır mısın?" diyenler, daha da ileri gidip miktar belirterek para dilenenler, daracık kaldırımlarda durup sohbet edenler, yolda omuzları veya çantalarıyla size çarpanlar, avaz avaz bağırarak konuşanlar, aksıranlar, öksürenler ve havada uçuşan tükürükler! Özür dilemenin unutulduğu, insanların itilip kakıldığı bir dünya, şimdi bu hengâmeye girmenin çilesine nasıl katlanılırdı? Yerinden doğrulup "Her şeye rağmen yazı karşılamam gerek, alışkanlıklarımı bu kadar kolay bırakamam!" Dedi.

Evden çıkarken kendi kendine güldü: "Herkes baharı karşılar, ben yazı!" Bir sürü beton binanın arasından geçerken "Bunlar da yolu daraltıyor." Diye söylendi. İki üç katlı, bahçeli ahşap evlerin olduğu zamanlarda bu yol ona şimdikinden çok daha geniş ve güzel görünürdü.

Mayıs ayı geldiğinde erguvan, dut, ıhlamur ağaçları, papatyalar, gelincikler ve adını bilmediği daha bir sürü nebat birdenbire coşardı. Sabahları yatağından kalktığında kuru gövdelerini izleyip ne zaman canlanacak diye merak ettiği komşu ağaçların öğleden sonra yeşerdiğini görmüş, kırmızı, beyaz, mor, mavi çiçeklerin süslediği pencerelerinden birbirlerine gülen, yolda yürürken tanıdık tanımadık herkeze "Merhaba!" Diyen insanlarla bir ömür yaşamıştı.

Bir zamanlar doğduğu şehrin sahillerinde derme çatma yapılmış kızakların üzerinde rengârenk boyanmış, birbirinden güzel kayıklar dururdu. Balıkçılar kendilerine "Nereye?" diye sorulduğunda "Kayıkhaneye."Derlerdi. Şimdi ise sahiller boyunca kazıklı yollar ve kenarlarından sarkıtılmış traktör lastiklerine yaslanan seyyar aşevi görünümündeki tekneler vardı.

Yaşlı adam Kadıköy vapurunun güvertesinden Kızkulesi, Salacak ve Haydarpaşa'yı seyrediyordu. Kendi kendine "Ne kadar bozmaya çalışırlarsa çalışsınlar, hala yaşanacak güzellikler var. Ümidi yitirmemek lazım, ama çok da kalabalık olduk birader. Arabalar bir taraftan, insanlar bir taraftan!" diye söylendi.

Erenköy'deki eski köşkün bahçesine girerken yüzünde rüzgârın getirdiği tozları hissetti. "Hep aynı rüzgâr! Eskiden bu mevsimde Topağacı'nda ne uçurtma uçururduk, ya Ihlamur köşkünün hemen üstündeki minik çamlıkta ninemlerle yaptığımız piknikler!" Daldığı hayalden Nihan hanımın koluna dokunmasıyla uyandı.

-Yanında duruyorum da beni fark etmiyorsun! Bu ne dalgınlık!

-Aa! Sen benden önce gelmişsin. Dalmışım valla, görmedim.

-Bak şurası güzel. Hem ağaç altı, hem yol kenarı. Gelen geçeni de izleriz.

Bir şey söylemeden boş masaya yöneldi.

-Orada ben oturuyorum!

Birden duraladı. Sonra sesin geldiği yöne baktı. Beş altı metre ileride iki yaşlı kadın oturmuş çay içiyorlardı. Bahçede en az elli masa olmasına rağmen sadece birkaçı doluydu. Yaşlı bayanlardan biri son derece kibar görünüşlüydü. Dudaklarında hafif bir tebessüm vardı. "Öbürü" diye düşündü. Kadının kaşları çatıktı.

-Üzerine eşyalarınızı koysaydınız!

Kadın iyice sinirlendi.

-Her yer boş, oturacak bir burayı mı buldunuz?

Nihan hanıma baktı. O da şaşırmıştı:

-Hanımefendi, bu sizin için de geçerli, her taraf boş!

Kadın bir müddet daha söylenmeye devam edip sonunda:

-Hadi oturun bari! Dedi.

Aldırmayıp tarihi köşkün tren yoluna bakan duvarına doğru ilerlediler. Sonra defne ağacının dibindeki masaya oturdular. Çaycı koşup geldi, elindeki bezle masanın üstüne dökülmüş dalları ve rüzgârda kopmuş yaprakları topladı. Adam siparişleri alıp gittiğinde bahçe tekrar eski ahengine büründü. İki arkadaş arkalarına yaslandılar, üç katlı köşkün çatısına kadar uzanmış defne ve kestane ağaçlarının dallarında yeniden ötmeye başlayan kuşların nağmelerini dinlemeye koyuldular.

Yetişkinlere Masallar

Eskiden Torosların eteklerinde bir adam yaşarmış. Ama öyle sıradan değil, yiğit yaman adammış. Herkesin korktuğu, yaşarken herkesi korkutmuş biri! Haksızlığa hiç tahammül edemez, bu yüzden başını sık sık belaya sokarmış. Bir ara dağa çıkıp eşkıyalık bile yapmış, vurmuş, kırmış, hatta öldürmüş, sonra da mahpus damlarına düşmüş. Saz çalıp türkü yakmış, sesi de güzelmiş hani, ezgilerini çok yanık söylermiş. Af ilan edilip de çıktıktan sonra sazını sırtına vurup aylarca dağ bayır, diyar diyar gezmiş. Eş, dost, misafir ağırlamayı, insan doyurmayı çok severmiş. Ağa adammış, zaman zaman köyünde davetler verir, sofralar kurdururmuş. Çevrenin en hali vakti yerinde olanlarını da, en fakirlerini de çağırır, kimseyi ayırmazmış. Ancak biraz küfürbazmış!

Gene böyle yenilip içildiği bir gün saygı duyduğu birini kenara çekip

-Nasıl buldun? Diye sormuş.

Misafiri:

-Her şey çok güzeldi ağa. Allah kesene bereket versin, ancak...

-Ancak ne?

Ev sahibinin sertliğini bilen, ama çevrede doğru sözlülüğü ile tanınan misafir haddini aşmamak için susmuş, ama ev sahibi ısrar etmiş:

-Bir kusurumuzu mu gördün yoksa?

Misafir bir iki kere yutkunup:

-Bir de durduk yerde küfür etmesen! Deyivermiş,

Tam o sırada bir başka misafir yanlarına gelip:

-Ağa yemekler çok güzeldi, hele o büyük kazandaki kuzu kavurma! Ama keşke kuzuyu bir sırığa takıp şöyle közde nar gibi kızarttırsaydın!

Bizim ağa ikinci misafire okkalı bir küfür savurduktan sonra, ilkine dönüp:

-Bak ben küfür ediyorsam böyle edepsizlere ediyorum. Edepli adam benim başımın tacı! Demiş.

Günlerden bir gün hastalanmış, doktora götürmüşler. Adam tütün kullanıp kullanmadığını ve neler yiyip içtiğini sormuş. O da tütün içtiğini, nar ekşisini çok sevdiğini söylemiş. Doktor zararlı deyip ikisini de yasaklamış. Eve geldiğinde yediğine içtiğine konan yasaklara öyle kızmış, öyle kızmış ki! İnadına her zamankinden fazla tütün ve nar ekşisi içmeye başlamış, hem de derin bir kâseye koyup Ohh! Diye bir dikişte içiyormuş!

Gel zaman git zaman hastalığı ilerlemiş. Bahar geçmiş, yaz gelmiş, yaylada yere yayılan kilime uzanmış, sırtına yastıklar dayamışlar. Kâh ufuktaki karlı dağları, kâh yakındaki yeşil tepeleri seyrederken ziyaretine eski bir tanıdığı gelmiş. Biraz hoşbeşten sonra adam bizim ağaya sormuş:

-Bu dünyayı nasıl bildin?

-Şu ilerdeki ağacın gölgesinden, dörtnala koşan at üstünde hızla geçtim, hepsi o! Demiş.